C. A. PRESS

LA TARJETA VERDE
de la serie
¡HECHO FÁCIL!

El **Dr. Nelson A. Castillo** es abogado especializado en inmigración, autor, columnista y comentarista televisivo. Originario de El Salvador, criado en la pobreza y entendiendo los retos de los inmigrantes a este país, el Dr. Castillo ha brindado miles de horas en servicios legales gratuitos a personas desempleadas y de muy bajos recursos. También ha trabajado de forma voluntaria para Kids in Need of Defense (KIND), CARECEN y NALEO.

El Dr. Castillo es egresado de la Escuela de Leyes de la Universidad St. John's y graduado del Programa de Educación Ejecutiva Sobre Desarrollo Corporativo de la Escuela de Negocios de Harvard. Fervoroso defensor de los derechos de inmigrantes, ha abogado por una reforma inmigratoria integral ante el Congreso de los Estados Unidos y la Casa Blanca. Ha dedicado gran parte de su tiempo a educar a la comunidad inmigrante latina sobre sus derechos en relación a temas inmigratorios por medio de su popular blog www.InmigracionHoy.com, que fundó en 2010, su columna "Consulta Migratoria", publicada en línea por varias publicaciones de impreMedia, incluyendo *LaOpinión.com*, y segmentos televisivos que pueden verse en www.InmigraciónTV.com, su canal en YouTube.

Por su gran dedicación, compromiso y miles de horas de asistencia legal gratuita a personas necesitadas, el Dr. Castillo ha recibido numerosos premios y reconocimientos, incluyendo ser nombrado por la revista *Hispanic Business* como uno de los 100 hispanos más influyentes en los Estados Unidos en 2006.

Es ex presidente nacional y ex director del Comité de Leyes de Inmigración de la Asociación Nacional de Abogados Hispanos (HNBA, por sus siglas en inglés). Actualmente, es presidente del Concejo Vecinal de Westlake South en Los Ángeles, donde se dedica a abogar por los derechos de los más de 30.000 residentes de la zona, en su mayoría latinos.

Para mayor información acerca del Dr. Castillo, visite www.nelson castillo.com o llame al (213) 537-VISA (8472).

LA TARJETA VERDE

de la serie
¡HECHO FÁCIL!

Cómo obtener
la residencia permanente
en los Estados Unidos

Dr. Nelson A. Castillo

ABOGADO DE INMIGRACIÓN

PRESS

C. A. PRESS
Penguin Group (USA)

C. A. PRESS

Published by the Penguin Group
Penguin Group (USA) Inc., 375 Hudson Street,
New York, New York 10014, USA

USA | Canada | UK | Ireland | Australia | New Zealand | India | South Africa | China
Penguin Books Ltd, Registered Offices: 80 Strand, London WC2R 0RL, England
For more information about the Penguin Group visit penguin.com

First published by C. A. Press, a member of Penguin Group (USA) Inc., 2013

LIBRARY OF CONGRESS CATALOGING-IN-PUBLICATION DATA
Castillo, Nelson A.
La tarjeta verde : Como obtener la residencia permanente en los Estados Unidos / Nelson A. Castillo.
pages cm. — (¡Hecho Facil!)
Includes bibliographical references and index.
ISBN 978-0-14-242566-4
1. Green cards. 2. Aliens—United States. 3. Emigration and immigration law—United States. I. Title.
KF4840.C37 2013
342.7308'2—dc23   2013013498

Printed in the United States of America
10 9 8 7 6 5 4 3 2 1

This publication is designed to provide accurate and authoritative information in regard to the subject matter covered. It is sold with the understanding that the publisher is not engaged in rendering legal, accounting, or other professional services. If you require legal advice or other expert assistance, you should seek the services of a competent professional.

While the author has made every effort to provide accurate telephone numbers and Internet addresses at the time of publication, neither the publisher nor the author assumes any responsibility for errors or for changes that occur after publication. Further, publisher does not have any control over and does not assume any responsibility for author or third-party Web sites or their content.

Dedico este libro

a Dios Todopoderoso por los milagros que ha hecho en mi vida;

a mis padres, Justa P. "Patty" Castillo y Juan Tómas Rivas;

y a los Estados Unidos por haber acogido a mi familia
y darnos la oportunidad de alcanzar un futuro mejor.

Contenido

Prólogo   *ix*

PRIMERA PARTE
Los cimientos

1. Cómo se puede obtener la residencia permanente   *3*

2. La importancia de la representación legal   *6*

SEGUNDA PARTE
Cómo solicitar la residencia

3. Peticiones familiares   *13*

4. Peticiones de empleo   *27*

5. Inmigrantes especiales   *44*

6. Peticiones por medio de inversión   *50*

7. Lotería de visas   *58*

8. Refugiados y asilo   *68*

9. Opciones migratorias para víctimas de crímenes   *80*

10. NACARA 203   *92*

11. Cancelación de remoción y ajuste de estatus   *97*
bajo la sección 240A(b)

12. Inelegibilidades y exenciones (*waivers*)   *103*

13. Exención de inelegibilidad   *108*

TERCERA PARTE
Tiempos y procesos

14. Disponibilidad de visas y fechas de prioridad   *115*

15. Ajuste de estatus   *123*

16. Proceso consular   *138*

17. Carta de sostenimiento   *157*

Agradecimientos   *165*

Recursos de información y apoyo   *166*

Glosario   *167*

Prólogo

Los Estados Unidos es un país de inmigrantes. Desde los comienzos de esta nación han inmigrado millones de personas de todas partes del mundo en busca de una mejor vida. Ese deseo de superación continúa, haciendo que todos los años ingresen más de un millón de inmigrantes al país —de forma legal e ilegal. Pero no es suficiente tener el deseo, sino que hay que planificar. La meta debe ser obtener la residencia legal en este país, para poder conseguir buenos empleos, beneficios y derechos.

Yo también soy inmigrante y entiendo muy bien los desafíos que viven tantas personas que abandonan sus países con el sueño de una mejor vida en los Estados Unidos. Y con mucho esmero, trabajo y un poco de suerte, pueden cosechar y disfrutar de éxitos una vez aquí.

Mi historia es como la de muchísimos inmigrantes. Llegué a los Estados Unidos a los once años de edad, pero pasé siete años de mi infancia, desde los cuatro años, esperando volver a ver a mi madre, que emigró a los Estados Unidos con la idea de establecerse y luego ir a buscar a sus hijos a El Salvador, de donde somos. Aunque mi madre entró legalmente al país, quedó indocumentada. Afortunadamente, consiguió que la patrocinara un empleador y así obtuvo la residencia permanente trabajando como ama de llaves. Fue entonces que pudo traer a sus hijos a vivir con ella en este país de oportunidades.

Como inmigrante sé lo difícil que es empezar una nueva vida en este país. Fui víctima de insultos por ser latino y, como no sabía inglés, me retrasaron en la escuela. También destruyeron algunas cosas de mi propiedad que eran muy valiosas para mí, como por ejemplo en una ocasión, una bicicleta que mi hermana me había comprado con sus primeros ahorros de su trabajo como lavaplatos en un restaurante. Al principio, no me pude adaptar y hasta abandoné la escuela. Pero con el tiempo logré reponerme. Estudié para rendir la equivalencia de bachillerato, que se conoce aquí como GED (General Education Development) y logré graduarme de la secundaria y luego de la universidad, con honores.

Si mi madre no hubiera emigrado a los Estados Unidos, no hubiera tenido la oportunidad de estudiar, crecer y superarme. Sí, sufrí injusticias, como tantos inmigrantes. Pero eso es ahora parte del pasado y sirvió para fortalecer mi determinación por superarlas y buscar la manera de hacer justicia para otros. Muchas de mis experiencias creciendo en este país hicieron que decidiera convertirme en abogado de inmigración. Detesto ver que algunos se aprovechen o tomen ventaja de los inmigrantes. Es por eso que para mí es tan importante ayudar a otras personas a atravesar por el proceso para obtener beneficios migratorios, la residencia permanente legal o la ciudadanía estadounidense.

En este libro explicaré varias maneras para obtener la residencia permanente —lo que muchos llaman conseguir la *"green card"* o "tarjeta verde"— el documento que autoriza a vivir y trabajar legalmente en los Estados Unidos. También brindaré consejos sobre cómo realizar el trámite para obtener la residencia permanente y ofreceré una lista de recursos para ayudar a navegar el sistema de inmigración, que es sumamente complicado.

Este libro es una guía general para ayudar a entender el proceso. Si bien el título dice que es "La tarjeta verde, de la serie ¡Hecho fácil!", no hay nada fácil en el proceso de obtener la residencia permanente en los Estados Unidos. Todo depende del historial de cada persona completando la solicitud y cada caso es distinto. Con este libro espero poder simplificar el proceso lo más posible para que entiendan cómo funciona el sistema y cómo deben prepararse antes de someter cualquier solicitud.

Hay muchos factores en el historial de cada persona que podrían complicar o perjudicar el proceso, por lo que deben ser evaluados muy cuidadosamente antes de presentar cualquier solicitud a las autoridades migratorias. Para evitar cualquier problema y la pérdida innecesaria de dinero, siempre se debe consultar a un abogado de inmigración o un representante acreditado por el Gobierno federal antes de presentar cualquier solicitud para beneficios inmigratorios.

Sigan mis consejos y ¡pronto alcanzarán el sueño americano!

LA TARJETA VERDE

de la serie
¡HECHO FÁCIL!

PRIMERA PARTE
Los cimientos

1

Cómo se puede obtener
la residencia permanente

La meta de todo inmigrante que viene a los Estados Unidos con el fin de trabajar y construir una vida en este país debe ser obtener la residencia permanente y posteriormente la ciudadanía.

Hay varias maneras de obtener la residencia permanente: por medio de la familia, de un trabajo o de programas humanitarios tales como el asilo. En este libro explicaré la mayoría de estas categorías en detalle. Les diré quiénes pueden ser elegibles, cómo se realiza el trámite, los requisitos, la documentación que se necesita, en qué consiste el proceso y cuánto tiempo puede tomar ser aprobado para la residencia permanente y obtener la "*green card*" o "tarjeta verde".

La tarjeta verde es el documento legal que el Servicio de Ciudadanía e Inmigración de los Estados Unidos (USCIS, por sus siglas en inglés) entrega a inmigrantes constatando que tienen autorización del Gobierno de los Estados Unidos para residir y trabajar en el país. El término se utiliza comúnmente porque el color del documento es verde.

Los procedimientos de cada categoría son distintos, por lo que los requisitos para una no serán los mismos que para otra. Sin embargo, hay algunos puntos en común dentro del proceso para obtener la tarjeta verde. Por ejemplo, para todas las categorías usted debe revisar los requisitos y determinar si es elegible antes de solicitar la residencia permanente. Los pasos del procedimiento también varían dependiendo de si la solicitud se hace dentro o fuera de los Estados Unidos.

TÉRMINOS Y PROCEDIMIENTOS IMPORTANTES

Antes de comenzar a detallar el proceso para solicitar y obtener la residencia permanente y los requisitos de cada una de las categorías, es importante explicar algunos términos que usaré para describir el proceso.

Elegibilidad

Las personas que desean inmigrar (ser residentes permanentes) deben cumplir con ciertos requisitos para recibir un beneficio migratorio. Si cumplen con las condiciones establecidas por el Gobierno federal para el beneficio solicitado, serán consideradas elegibles para recibirlo.

Visa de inmigrante

Las personas que desean vivir de forma permanente en los Estados Unidos tienen que solicitar una visa de inmigrante. Al recibir esta visa y ser admitidos oficialmente al país, las personas adquieren el estatus de residente permanente de los Estados Unidos. Este estatus sólo se puede perder si la persona viola los términos de su residencia permanente, incluyendo cometer ciertos crímenes. Por lo general, solamente un juez de inmigración puede quitarle el estatus de residente permanente a una persona.

Familiares inmediatos de ciudadanos estadounidenses

Los parientes inmediatos —padres, cónyuges e hijos solteros menores de veintiún años— de ciudadanos estadounidenses tienen acceso inmediato a una visa de inmigrante siempre y cuando cumplan con todos los requisitos.

Preferencias

Las distintas peticiones inmigratorias —ya sean por medio de parentesco, oferta de trabajo o empleo o un programa especial—, generalmente se clasifican en categorías basadas en un sistema de preferencia. El tipo de preferencia determina la prioridad, o sea, cuánto tiempo tendrá que esperar la persona para recibir una visa de inmigrante que le otorgue la residencia permanente. Las preferencias se determinan por medio del tipo de parentesco o trabajo y país de origen de la persona.

Tipos de preferencia familiar:

➤ Primera preferencia: hijos solteros, mayores de veintiún años, de ciudadanos estadounidenses.

➤ Segunda preferencia A: esposos de residentes permanentes e hijos solteros, menores de veintiún años, de residentes permanentes.

➤ Segunda preferencia B: hijos solteros, mayores de veintiún años, de residentes permanentes.

➤ Tercera preferencia: hijos casados, de ciudadanos estadounidenses, sus esposos e hijos solteros, menores de veintiún años.

➤ Cuarta preferencia: hermanos de ciudadanos estadounidenses, sus esposos e hijos solteros menores de veintiún años.

Tipos de preferencia de empleo:

➤ Primera preferencia (EB-1): trabajadores de prioridad.

➤ Segunda preferencia (EB-2): profesionales con títulos avanzados y personas de habilidad excepcional.

➤ Tercera preferencia (EB-3): trabajadores especializados, profesionales y trabajadores no calificados.

➤ Cuarta preferencia (EB-4): ciertos inmigrantes especiales.

➤ Quinta preferencia (EB-5): inversionistas inmigrantes.

Ajuste de estatus

El ajuste de estatus es el proceso mediante el cual un inmigrante obtiene su tarjeta verde mientras está dentro de los Estados Unidos.

Proceso consular

Cuando una persona busca obtener la residencia permanente desde fuera de los Estados Unidos, o es un inmigrante no elegible para ajustar su estatus dentro de los Estados Unidos, deberá realizar el proceso inmigratorio en el consulado de su país de origen. Se llama proceso consular porque el trámite se realiza en un consulado.

El proceso de inmigrar a los Estados Unidos es complicado y se necesita entender cómo funciona el sistema migratorio. Además hay que prepararse con mucha anticipación para poder obtener la residencia permanente en los Estados Unidos. Una buena asesoría legal es indispensable. A continuación explico cómo obtenerla.

2

La importancia de la representación legal

La ley de inmigración de los Estados Unidos es muy compleja. Como abogado de inmigración, le puedo asegurar que estar bien informado y tener buena representación legal puede marcar la diferencia entre lograr o no permanecer legalmente en este país.

Lamentablemente, he visto muchos casos de inmigrantes que ya podrían ser ciudadanos estadounidenses, pero que debido al mal asesoramiento, principalmente por los llamados notarios públicos o consultores de inmigración, perdieron la oportunidad de ajustar su estatus legal.

Por eso es muy importante recalcar que se debe buscar ayuda profesional para sus trámites migratorios —ya sea con abogados o, si tiene poco dinero, con "representantes acreditados" por el Gobierno federal que trabajen para una organización sin fines de lucro. No se fíe. El simple hecho de que alguien diga ser abogado no significa que lo sea. Antes de contratar a un proveedor de servicios de inmigración, es importante verificar sus credenciales.

No tenga miedo de pedirle a quien va a ser su representante legal ver sus credenciales. Recuerde que usted le está confiando a esta persona toda su información y la responsabilidad de realizar trámites inmigratorios que pueden afectar su estatus legal en los Estados Unidos.

Si va a contratar un abogado:

➤ Pida ver su licencia vigente.
➤ Escriba la información de la licencia y comuníquese con la oficina de admisión del colegio de abogados del estado donde el abogado tenga su licencia para comprobar que es auténtica.

Si acude a un representante acreditado:

> La persona debe trabajar para una organización que esté autorizada por la Junta de Apelaciones de Inmigración de los Estados Unidos para ofrecer asesoramiento legal.
> Pídale al representante acreditado que le muestre la orden de la Junta que le permite ayudar a personas con solicitudes o peticiones de inmigración. Escriba la información para comprobar su veracidad.

Para reportar fraude inmigratorio, la siguiente página web tiene una lista de recursos por estado: 1.usa.gov/VjkVfi.

POR QUÉ NO DEBE IR A UN NOTARIO O CONSULTOR DE INMIGRACIÓN

Es muy importante enfatizar que en los Estados Unidos un notario público o consultor de inmigración no puede dar consejos legales. La ley lo prohíbe. Si un notario le hace recomendaciones acerca de qué tipo de solicitudes presentar al Servicio de Ciudadanía e Inmigración de los Estados Unidos (USCIS, por sus siglas en inglés) o le ofrece cualquier otro tipo de consejos legales, puede ser penalizado.

Hay que tener en cuenta que un notario en los Estados Unidos no es lo mismo que un notario en algunos países de Latinoamérica. Para convertirse en notario aquí, solo se requiere tomar un curso de un día y pasar un simple examen. La única función de un notario en este país es la de autenticar firmas y verificar documentos. Un consultor de inmigración sólo puede llenar formularios bajo la instrucción de la persona que lo contrata.

A pesar de que la ley de los Estados Unidos lo prohíbe, hay muchos notarios que ofrecen servicios legales. El problema es que estas personas no tienen ni la educación, ni un verdadero conocimiento de la ley, ni la experiencia necesaria o las credenciales para asesorar adecuadamente a una persona. Lo más triste es que muchos inmigrantes continúan acudiendo a estas personas para recibir asesoría legal. Miles de casos de inmigrantes han sido arruinados por acudir a estas personas. He visto casos de personas que han acudido a mí después de contratar los servicios de un notario, personas que tenían posibilidades de legalizar su situación en los Estados Unidos. Pero como el notario llenó y envió solicitudes incorrectas al USCIS, a veces mintiendo en los formularios, estas fueron rechazadas y les fueron negados los beneficios inmigratorios. Así que, por favor, no acudan a estas personas para recibir asesoría legal.

Muchas veces las personas piensan que un notario es más barato que ir a un abogado. Esto no es cierto. He visto casos en que clientes han pagado miles de dólares a notarios por hacer trámites —más que a un abogado— y no han obtenido resultados. Al final, les salió mucho más caro, porque perdieron el dinero y sus casos fueron perjudicados.

Si no tiene los recursos suficientes, consulte con un representante acreditado por el Gobierno federal que trabaje para una organización legal sin fines de lucro. Debido a la demanda, habrá una espera, pero por lo menos tendrá mejores oportunidades de que su caso avance.

Si fue víctima de un notario o consultor de inmigración, presente una queja lo antes posible en el departamento de la policía. Es importante reportar a estas personas que no están autorizadas, por ley, a dar consejos legales y así evitar que otros inmigrantes salgan perjudicados.

CÓMO EVITAR SER VÍCTIMA DE FRAUDE INMIGRATORIO

Existen personas inescrupulosas que ofrecen servicios de inmigración, que operan ilegalmente prometiendo "papeles rápidos", conexiones con agentes de inmigración que pueden facilitar sus casos u ofrecen métodos de legalización dudosos que a veces requieren que usted haga declaraciones falsas.

¡Cuidado! Si le hacen este tipo de promesas, lo están engañando. Si usted firma documentos fraudulentos o hace declaraciones falsas, las consecuencias son serias. Podría dañar permanentemente su estatus inmigratorio en este país y perder miles de dólares. Hasta lo podrían deportar de los Estados Unidos si es mal aconsejado.

Tenga precaución si un proveedor de servicios de inmigración le dice lo siguiente:

1. *Podemos conseguirle su* green card, *permiso de trabajo o visas de los Estados Unidos en pocas semanas.*
¡Eso no es posible! El proceso para obtener la residencia permanente, o tarjeta verde, no es un proceso fácil. Depende de muchos factores, como quién la está peticionando, sus circunstancias y cómo entró al país, si ya está dentro de los Estados Unidos, entre otras cosas. Este proceso puede tomar meses o hasta años. No hay manera de obtener una tarjeta verde en semanas.

2. *Conocemos gente dentro del USCIS y podemos hacer que sus papeles se procesen rápido.*

¡Mentira! Por lo general, el USCIS no permite adelantar el procesamiento de solicitudes presentadas después que otras, a menos que exista una razón de fuerza mayor.

3. *Podemos hacer que califique proveyendo información falsa sobre usted al Gobierno.*

Nunca mienta en una solicitud para beneficios migratorios. Mentir podría costarle la oportunidad de algún día calificar para un ajuste legal. No se olvide de que el Gobierno de los Estados Unidos realiza una verificación de antecedentes de toda persona que solicita beneficios inmigratorios.

Aunque usted conozca algún caso en el que una persona obtuvo una tarjeta verde mintiendo en su solicitud, sepa que el Gobierno puede quitarle la residencia a esa persona, y expulsarla del país si descubre la mentira.

4. *Ofrecemos resultados garantizados.*

¡Es imposible garantizar resultados! El USCIS es impredecible. Además, mucho depende de cada caso y de si se cumple o no con los requisitos.

Si alguien le hace cualquiera de estas promesas, repórtelo a las autoridades y busque a otro representante legal. Tenga en cuenta que un representante legal siempre debe velar por sus intereses. Si desconfía de la persona o institución, cambie de representante legal.

Cuando contrate a un representante legal:

> ➤ Nunca firme solicitudes, peticiones o documentos en blanco.
> ➤ Nunca firme documentos que no entienda.
> ➤ Nunca firme documentos que contengan declaraciones falsas o información imprecisa.
> ➤ Siempre obtenga copias de todos los documentos que prepararon y presentaron a nombre suyo.
> ➤ Nunca le pague al representante sin obtener un recibo.

Siga estos pasos y así evitará fraudes y el riesgo de comprometer su residencia en este país.

SEGUNDA PARTE

Cómo solicitar
la residencia

3

Peticiones familiares

Cuando una persona tiene familiares en los Estados Unidos que son ciudadanos estadounidenses o residentes permanentes, esa persona tiene una conexión que le permite inmigrar legalmente a los Estados Unidos.

Para promover la unidad familiar, la ley de inmigración permite que ciudadanos y residentes permanentes soliciten que sus familiares vengan a vivir permanentemente a los Estados Unidos. Pero el proceso es distinto para familiares de ciudadanos y familiares de residentes estadounidenses.

La tarjeta verde, el documento que comprueba la residencia permanente en los Estados Unidos, se puede obtener de dos maneras distintas: por ajuste de estatus o por procesamiento consular. A continuación explico quiénes son elegibles, los requisitos y el procedimiento para cada una de las circunstancias.

SI ES FAMILIAR DE UN CIUDADANO ESTADOUNIDENSE

El procesamiento de visas para familiares de ciudadanos estadounidenses es más rápido que para familiares de residentes permanentes. Pero el tiempo de tramitación es diferente según el parentesco del ciudadano o residente con su familiar.

El Gobierno de los Estados Unidos autoriza la entrega inmediata de visas a familiares directos de ciudadanos estadounidenses. Se consideran familiares directos los padres, esposos e hijos solteros menores de veintiún años. Los familiares directos tienen prioridad especial dentro del sistema de inmigración. No tienen que esperar una visa porque hay un número ilimitado de visas para esta categoría.

Otros familiares también son elegibles, pero se incluyen dentro de lo que el Gobierno define como categorías de familia preferenciales. Estas son las categorías para ciertos parientes de ciudadanos estadounidenses:

> Primera preferencia: hijos solteros de ciudadanos, mayores de veintiún años de edad.*
> Tercera preferencia: hijos casados de ciudadanos, de cualquier edad.
> Cuarta preferencia: hermanos de ciudadanos estadounidenses.

Para poder peticionar a padres o hermanos, el ciudadano estadounidense debe ser mayor de veintiún años.

Si sus hijos o hermanos están casados, sus cónyuges e hijos solteros menores de veintiún años también podrían obtener la residencia permanente si son elegibles. Debido a que, año tras año, el Congreso de los Estados Unidos ha limitado más el número de familiares que pueden inmigrar bajo estas categorías, las peticiones bajo las categorías de familia preferenciales están sujetas a un período de espera hasta que haya un número de visas de inmigrante disponible.

Si desea saber cuándo estarán disponibles las visas de inmigrante en su categoría familiar, puede llamar al Departamento de Estado de los Estados Unidos al (202) 663-1541.

La información, actualizada todos los meses, es publicada en el Boletín de Visas y está disponible en la siguiente página web: travel.state.gov/visa/bulletin /bulletin_1360.html.

VIUDOS DE CIUDADANOS ESTADOUNIDENSES

Las personas casadas con ciudadanos estadounidenses son elegibles para obtener la residencia permanente por medio de esta petición. El cónyuge tiene que haber sido ciudadano al momento de fallecer y la pareja no tiene que haber estado legalmente separada en el momento de su muerte. Para mantener el estatus de inmigrante especial, los viudos no pueden haberse casado nuevamente. Pueden presentar la petición por sí mismos, pero deben hacerlo antes de que se cumplan los dos años de la muerte del cónyuge ciudadano.

Si su cónyuge ciudadano presentó una petición familiar (Formulario I-130) para usted antes de fallecer, no es necesario presentar el Formulario I-360, Petición de Inmigrante Especial, porque al momento de fallecer el cónyuge ciudadano, el Formulario I-130 automáticamente se convierte en una petición de viudo.

Los viudos deberán presentar evidencia que compruebe que estuvieron ca-

---

*La segunda preferencia es para ciertos cónyuges e hijos de residentes permanentes, y se explica más adelante.

sados con un ciudadano, así como la ciudadanía del cónyuge. El USCIS exige que, junto con el Formulario I-360, se entregue una copia de su certificado de matrimonio con el ciudadano estadounidense, documentos legales de divorcio si alguno de los dos estuvo casado anteriormente y pruebas de que el cónyuge era un ciudadano de los Estados Unidos, como un certificado de nacimiento si nació en los Estados Unidos o un Certificado de Naturalización. Además deberá incluir una copia del certificado de defunción del cónyuge ciudadano.

Ver el capítulo 5 "Inmigrantes especiales", para mayor información sobre cómo llenar el Formulario I-360.

SI ES FAMILIAR DE UN RESIDENTE PERMANENTE

El procesamiento de visas para familiares de residentes permanentes es más lento que el de familiares de ciudadanos estadounidenses. El tiempo de tramitación es diferente según el parentesco del residente con su familiar. Un residente permanente de los Estados Unidos puede solicitar residencia para las siguientes personas:

> *Preferencia 2A:*
> ➤ Cónyuges.
> ➤ Hijos solteros menores de veintiún años.

> *Preferencia 2B:*
> ➤ Hijos solteros mayores de veintiún años.

Bajo las categorías de familia preferenciales 2A y 2B, si la persona para la que se hace la petición tiene hijos solteros menores de veintiún años, estos también podrían obtener la residencia permanente si son elegibles. O sea, madres o padres solteros que tienen hijos menores. Si un residente permanente está haciendo una petición por su cónyuge y este tiene hijos de una relación anterior, los hijastros solteros menores de veintiún años del residente permanente podrán emigrar junto con el cónyuge del residente permanente si cumplen con los debidos requisitos. Es decir, el residente permanente puede someter una petición familiar a favor de sus hijastros. Para calificar como hijastros, deben haber tenido menos de dieciocho años cuando su padre/madre se casó con el residente permanente.

HIJOS SOLTEROS DE CIUDADANOS ESTADOUNIDENSES POR CUMPLIR VEINTIÚN AÑOS DE EDAD

Los ciudadanos que solicitan residencia para sus hijos solteros menores de veintiún años no deben preocuparse de que sus hijos cumplan los veintiún años durante el proceso del caso ya presentado, porque ellos están protegidos por la Ley de Protección del Estatus del Menor (Child Status Protection Act, CSPA). Esta ley congela la edad de su hijo en el momento en que el USCIS acepta su solicitud de residencia permanente para su hijo. Bajo la CSPA, su hijo seguirá siendo un familiar directo aun cuando haya cumplido los veintiún años.

El Congreso aprobó esta ley para proteger la clasificación de "niño" para los hijos de beneficiarios que, debido a los serios retrasos en el procesamiento de peticiones de visas, muchas veces superaban la edad límite estipulada por el Gobierno mientras esperaban sus visas. Cuando esto sucedía, los hijos pasaban a otra categoría familiar y no eran elegibles para inmigrar al mismo tiempo que sus padres.

Gracias a la aprobación de la CSPA ese ya no es más el caso. La CSPA entró en vigencia en agosto de 2002. El hijo debe permanecer soltero y llenar varios otros requisitos para obtener el beneficio de la protección de la CSPA.

HIJOS SOLTEROS DE RESIDENTES PERMANENTES

La ley de inmigración especifica que los hijos solteros de residentes permanentes entran en las categorías familiares preferenciales F2A o F2B dependiendo de la edad.

Si usted es un hijo soltero menor de veintiún años de un residente permanente, el cumplir veintiún años de edad podría retrasar el proceso para convertirse en un residente permanente u obtener una visa de inmigrante. Como ya sería mayor de edad, no cumpliría el requisito de ser "hijo soltero de un residente permanente legal menor de veintiún años" (F2A). Al cumplir los veintiún años, cambia de categoría familiar, pasando a ser "hijo o hija soltero de un residente permanente legal mayor de veintiún años" (F2B). Este cambio de categoría podría causar un retraso considerable en la disponibilidad de una visa de inmigrante.

Consulte el capítulo 14, "Disponibilidad de visas y fechas de prioridad", para entender cómo funciona la CSPA y el proceso de disponibilidad de visas.

QUÉ PASA SI UN HIJO DE UN RESIDENTE PERMANENTE CONTRAE MATRIMONIO

Si es hijo o hija soltero de un residente permanente y se casa antes de convertirse en residente permanente, ya no cumplirá con los requisitos para la residencia permanente por medio del familiar que es residente permanente.

No existe una categoría de visa para un hijo casado de un residente permanente y por lo tanto no podrá inmigrar a los Estados Unidos. Si un padre residente estadounidense ya ha peticionado su residencia y la solicitud está en proceso, recomiendo que no se case hasta después de que se haya aprobado su caso y haya obtenido la visa.

Otra opción es esperar a que su padre o madre se haga ciudadano y luego casarse. Sin embargo, esto puede demorar su trámite dependiendo de la disponibilidad de visas para su nueva categoría.

FAMILIARES NO ELEGIBLES

Hay ciertos familiares que no son elegibles para solicitarles residencia, incluso por un ciudadano o residente permanente de los Estados Unidos, porque la ley no lo permite. No se pueden presentar peticiones familiares (Formulario I-130) para varias clases de parientes incluyendo los siguientes:

> ➤ Abuelos, nietos, sobrinos, tíos, primos.
> ➤ Padres biológicos de hijos adoptados.
> ➤ Padres o hijos adoptivos, si la adopción se llevó a cabo después de que el niño cumpliera dieciséis años, o si el niño no estuvo bajo la custodia legal y viviendo con el padre adoptivo durante al menos dos años antes de presentarse la solicitud.
> ➤ Hijastros o padrastros si el matrimonio que creó la relación se llevó a cabo después de que el niño cumpliera dieciocho años.

Si la petición familiar es para un esposo o esposa, no podrá presentarse bajo las siguientes circunstancias:

> ➤ Si se determina que, como solicitante, anteriormente trató de o conspiró para contraer matrimonio para conseguir beneficios migratorios.
> ➤ Si se casó cuando la persona estaba en proceso de exclusión, deportación, remoción o rescisión, a no ser que el matrimonio sea válido,

haya sido de buena fe y no para obtener la residencia permanente, o si su cónyuge ha vivido fuera de los Estados Unidos por un período de por lo menos dos años después del casamiento.

➤ Si ambos esposos no estuvieron presentes en la ceremonia matrimonial o su matrimonio no fue consumado.

➤ Si obtuvo la residencia permanente por medio de un matrimonio anterior con un ciudadano estadounidense o residente permanente, a menos que hayan pasado cinco años desde que se hizo residente permanente; puede probar claramente que el anterior matrimonio fue de buena fe y no para obtener la residencia permanente; o su previo matrimonio terminó con el fallecimiento de su cónyuge.

CÓMO LLENAR EL FORMULARIO

Para solicitar la residencia de un familiar se debe usar el Formulario I-130. Este formulario sólo está disponible en inglés. El formulario pide información biográfica del solicitante y de la persona para quien se solicita la residencia para determinar si es elegible para el beneficio inmigratorio.

Lo primero que debe hacer el ciudadano o residente permanente que va a presentar una solicitud de petición familiar es probar su estatus migratorio y probar el parentesco con la persona por la que está presentando la solicitud.

En el caso de un ciudadano, si es nacido en los Estados Unidos, su acta de nacimiento es suficiente para probar su estatus. También puede presentar un pasaporte estadounidense que no esté vencido.

Si es un ciudadano naturalizado, puede presentar su certificado de naturalización o su pasaporte estadounidense vigente para probar su ciudadanía.

En el caso de un residente permanente, debe enviar una copia del frente y el dorso de la tarjeta de residencia permanente (tarjeta verde). Si aún no ha recibido la tarjeta verde, puede enviar copias de la página biográfica de su pasaporte que muestre que fue admitido a los Estados Unidos como residente permanente, o cualquier otra evidencia que tenga del Gobierno federal.

DOCUMENTOS PARA COMPROBAR PARENTESCO

El Gobierno exige que el ciudadano o residente estadounidense presente pruebas que demuestren la relación familiar con la persona para la que se presenta la solicitud. Para ello, piden los siguientes documentos:

➤ Para cónyuges, se debe proveer un certificado de matrimonio.
➤ Para padres e hijos biológicos, deben presentarse actas de nacimiento.
➤ Para hijastros o padrastros, actas de matrimonio y de nacimiento.
➤ Para hermanos, actas de nacimiento que muestren al menos un padre en común.

ESPOSOS

La persona que está peticionando la residencia para un cónyuge debe incluir una copia del certificado de matrimonio. Si usted o su cónyuge estuvieron casados anteriormente, también deben presentar copias de documentos que comprueben que el matrimonio previo está terminado legalmente. Ejemplos de estos documentos son una acta de divorcio, anulación del matrimonio, o acta de defunción, en el caso de viudez.

Otros documentos que debe presentar:

➤ Una foto a color tipo pasaporte de cada uno de los esposos mirando de frente, tomada dentro de los treinta días antes de enviar su solicitud. Las fotos deben tener un fondo blanco y no deben estar retocadas o alteradas. Las dimensiones de la imagen deben ser de aproximadamente una pulgada desde la barbilla hasta la parte superior de la cabeza. Deben incluir el número de extranjero (Alien Registration Number), si lo saben, con un lápiz en la parte dorsal de cada fotografía.
➤ Dos Formularios G-325A, Información Biográfica, para usted y su esposo o esposa.

Además, deberá presentar uno o más de los siguientes documentos que pueden comprobar que su matrimonio es válido y de buena fe:

➤ Documentos que muestren que ambos son dueños de una misma propiedad.
➤ Contrato de alquiler de una propiedad en común.
➤ Documentos que muestren finanzas compartidas.
➤ Certificados de nacimiento de hijos en común.
➤ Declaraciones juradas de terceras personas que puedan constatar que el matrimonio es de buena fe. (Cada declaración jurada deberá incluir: nombre completo, dirección, fecha y lugar de nacimiento de la persona que hace la declaración jurada; su relación con la persona pe-

ticionando al esposo; información completa y detallada de cómo la persona adquirió sus conocimientos sobre el matrimonio de la persona peticionando al esposo).

➤ Cualquier otra documentación pertinente que establezca que existe una unión marital.

Si se casó cuando su esposo o esposa estaba en proceso de exclusión, deportación, remoción o rescisión, la documentación anterior podría ser evidencia suficiente para comprobar claramente que su matrimonio es de buena fe.

PAREJAS CASADAS MENOS DE DOS AÑOS

Si al momento de peticionar la residencia para su cónyuge tiene menos de dos años de casado, el USCIS le dará a su esposo o esposa estatus de residente permanente "condicional". Esto generalmente sucede el día que su cónyuge entra legalmente a los Estados Unidos con una visa de inmigrante o cuando obtiene el ajuste de estatus.

Como residente permanente condicional, su cónyuge recibirá una tarjeta verde válida solo por dos años. Para mantener la residencia permanente, tendrá que presentar una petición para remover la condición temporal, noventa días antes de que caduque la tarjeta.

El Congreso estableció esta medida como parte de la reforma migratoria de 1986 (Immigration Reform and Control Act), para evitar el fraude inmigratorio por medio del matrimonio. La condición temporal está diseñada para comprobar que una pareja se casó por motivos válidos y que continúa conviviendo durante un mínimo de dos años antes de solicitar la residencia permanente definitiva.

Para remover las condiciones de residencia, al cumplirse el plazo requerido por la ley, usted y su cónyuge tendrán que presentar de forma conjunta el Formulario I-751, Petición para Cancelar las Condiciones en la Residencia. Actualmente, el costo para realizar este trámite es de $505 más $85 por las huellas digitales. El USCIS periódicamente aumenta sus tarifas, así que verifique el monto actualizado al momento de enviar su solicitud. Si no envía el monto correcto de la tarifa, le regresarán su solicitud.

Si no presenta el Formulario I-751 antes del vencimiento de la tarjeta verde condicional, su cónyuge perderá su estatus de residente permanente y puede iniciarse el proceso de su deportación de los Estados Unidos. A pesar de que el Formulario I-751 debe ser entregado en forma conjunta y firmado por la persona que presentó la petición y el cónyuge, la ley establece que existen algunas excepciones a este requisito.

Una persona podrá presentar una petición para cancelar las condiciones de su residencia sin la firma del cónyuge que la peticionó bajo las siguientes circunstancias:

1. Falleció su cónyuge.
2. Fue víctima de abuso, maltrato o sometido/a a crueldad extrema por parte de su cónyuge ciudadano o residente permanente estadounidense.
3. Se casó de buena fe, pero el matrimonio terminó en divorcio o anulación.
4. La terminación de su estatus de residente y deportación le ocasionaría dificultades extremas.

El USCIS requiere que entregue pruebas que demuestren la veracidad de estas circunstancias.

PADRES BIOLÓGICOS

Solamente los ciudadanos estadounidenses mayores de veintiún años pueden hacer peticiones para sus padres. El Gobierno de los Estados Unidos tiene requisitos un tanto diferentes en cuanto al tipo de documentación requerida para solicitar la residencia de un padre a comparación de una madre. Se pide más documentación para un padre.

Si está peticionando la residencia para su madre, sólo tiene que enviar una copia de su acta de nacimiento con su nombre y el de su madre. Si está peticionando la residencia para su padre, debe enviar una copia de su acta de nacimiento con los nombres de ambos padres. También debe presentar una copia del acta de matrimonio de sus padres que establezca que se casaron antes de que usted naciera. Además, si alguno de sus padres estuvo anteriormente casado, deberá incluir copias de documentos que demuestren que las previas uniones terminaron legalmente.

HIJOS BIOLÓGICOS

Si usted es la madre, debe enviar una copia del certificado de nacimiento del niño con su nombre y el nombre de su hijo.

Si usted es el padre, debe enviar una copia del certificado de nacimiento del niño que muestra los nombres de ambos padres y su certificado de matrimonio.

Si usted es el padre de un niño nacido fuera del matrimonio y el niño no fue legitimado antes de cumplir los dieciocho años de edad, deberá presentar su solicitud con copias de evidencia de que ha existido una auténtica relación de padre e hijo antes de que el niño cumpliera veintiún años. Puede incluir pruebas de que el padre vivía con el niño, que le daba apoyo financiero o que mostraba interés continuo en el bienestar del niño.

Debe señalarse que en varios países de Latinoamérica, los niños nacidos fuera del matrimonio son considerados hijos legítimos. En estos casos, hay que proveerle al USCIS copias del decreto legislativo del país de origen del solicitante que claramente demuestre que el hijo es legítimo. Esta información debería ser suficiente para comprobar la legitimidad de la relación padre-hijo.

PADRASTROS E HIJASTROS

En el caso de padrastros e hijastros, el acta de matrimonio debe mostrar que el padre biológico del niño contrajo nupcias con el padrastro antes de que el niño cumpliera dieciocho años.

Además, deberán incluirse copias de documentos que indiquen que cualquier matrimonio previo ha sido legalmente terminado, así como el acta de nacimiento del niño.

PADRES E HIJOS ADOPTIVOS

Si peticiona la residencia de una persona con la cual está relacionado por medio de una adopción, debe enviar una copia del decreto de adopción que muestra que la adopción se llevó a cabo antes de que el niño cumpliera los dieciséis años.

Si adoptó al hermano de un niño que usted ya ha adoptado, debe presentar una copia del decreto de adopción que muestra que la adopción del hermano ocurrió antes de que ese niño cumpliera dieciocho años.

En casos de adopción también tiene que enviar copias de las pruebas que demuestren que cada niño estuvo bajo la custodia legal y viviendo con el padre que lo adoptó por lo menos dos años antes o después de la adopción.

Solo un tribunal o entidad reconocida por el Gobierno puede conceder la custodia legal, generalmente otorgada al momento de finalizar la adopción. Sin embargo, si se le concede la custodia legal antes de concluir el proceso de adopción, ese tiempo puede contar hacia el cumplimiento del requisito de dos años de custodia legal.

HERMANOS

Si está peticionando la residencia para un hermano, deberá enviar copias de su acta de nacimiento y la de su hermano. El certificado de nacimiento debe demostrar que ustedes tienen por lo menos un padre en común. Si tienen el mismo padre, pero diferentes madres, tendrá que enviar copias de los certificados de matrimonio del padre a cada una de las madres y copias de los documentos que demuestren que los matrimonios anteriores de su padre o madre se terminaron legalmente. Si tienen la misma madre, basta con el certificado de nacimiento que demuestre que ambos tienen la misma madre.

Si sus padres no estuvieron casados, deberá enviar evidencia de que existió una auténtica relación de padre e hijo antes de que el niño cumpliera veintiún años. En ciertas circunstancias, los niños nacidos fuera del matrimonio son considerados legítimos, por lo cual el USCIS no debería negar la solicitud.

¿QUÉ PASA SI NO TIENE ACCESO A CIERTOS DOCUMENTOS?

Si no tiene disponible algunos de los documentos anteriormente mencionados, en algunas circunstancias el USCIS acepta evidencia secundaria que constate el parentesco del peticionario con el familiar.

Deberá entregar una declaración de autoridad civil asegurando que los documentos no están disponibles. En su lugar, podrá presentar las siguientes pruebas secundarias:

> ➤ Registro de Iglesia: una copia de un documento que lleve el sello de la Iglesia, indicando que ha recibido el bautismo u otro sacramento religioso dentro de los dos primeros meses de vida. Debe mostrar la fecha y lugar de nacimiento del niño, la fecha de la ceremonia religiosa y los nombres de los padres del niño.
> ➤ Récords escolares: una carta de la autoridad escolar (preferentemente la primera escuela a la que asistió) que muestre la fecha de ingreso a la escuela, la fecha de nacimiento del niño o la edad en el momento de admisión, el lugar de nacimiento y nombres de los padres.
> ➤ Registro del censo: registro estatal o federal del censo con los nom-

bres, lugar de nacimiento, fecha de nacimiento o la edad de la persona en la lista.

➤ Declaraciones juradas: declaraciones escritas juradas por dos personas que afirmen tener conocimiento personal del evento que están tratando de probar. Por ejemplo, fecha y lugar de nacimiento, matrimonio o defunción. La persona que hace la declaración jurada no tiene que ser un ciudadano de los Estados Unidos. Cada declaración jurada deberá contener la siguiente información sobre la persona que la hace: nombre completo, dirección, fecha y lugar de nacimiento, relación con usted, información completa sobre el evento, y todos los detalles que explican cómo es que la persona tiene conocimiento de los hechos.

CÓMO SOLICITAR LA RESIDENCIA PERMANENTE POR MEDIO DE UNA PETICIÓN FAMILIAR

Para someter una solicitud de petición familiar debe tener una dirección en los Estados Unidos. La solicitud tendrá que enviarse a direcciones especiales del USCIS, dependiendo del lugar donde viva y el beneficio que esté solicitando.

Todo documento que no esté en inglés debe estar acompañado de una traducción completa y una certificación del traductor que indique que la traducción es completa y correcta. Además, el traductor debe certificar que es competente para hacer la traducción.

El USCIS por lo general requiere que se adjunten copias de los documentos originales que deben enviarse con la solicitud. Bajo ciertas circunstancias, le pueden pedir los documentos originales y por lo tanto, debe tenerlos disponibles. Si esto llega a ocurrir, el USCIS le regresará los documentos originales cuando ya no los necesite.

Debe firmar la solicitud e incluir los pagos de las tarifas requeridos para el trámite para que su solicitud sea aceptada.

La solicitud no se considerará debidamente presentada hasta que el USCIS la acepte. Una vez que el USCIS acepte la solicitud, los agentes la revisarán para estar seguros de que contiene la documentación necesaria y que los formularios han sido debidamente completados.

El USCIS podría pedirle más evidencia o requerir una entrevista en persona. Si esto llegara a pasar, le mandarán una notificación informándole la fecha límite para entregar la documentación o presentarse a su entrevista.

En el caso de una entrevista, deberá llevar una identificación, tal como su pasaporte u otros documentos de viaje que tenga. Durante la entrevista será puesto bajo juramento. Todas sus respuestas serán tomadas en consideración y podrán afectar su caso.

El USCIS le informará por escrito la decisión que tomen sobre su solicitud. Si aprueban el caso, el beneficiario podrá solicitar la residencia permanente por medio de ajuste de estatus o proceso consular cuando haya una visa disponible.

COSTOS Y FORMA DE PAGO DE LA SOLICITUD

El USCIS cobra por el procesamiento de la solicitud de petición familiar. Estos costos son aparte de cualquier honorario legal que se le pague a un abogado para realizar el trámite.

Las tarifas del USCIS deben pagarse con cheque o giro postal (*money order* en inglés). Estos tienen que ser extendidos por un banco o institución financiera dentro de los Estados Unidos y ser pagaderos al "U.S. Department of Homeland Security".

El costo actual para el suministro del Formulario I-130 es de $420. El USCIS periódicamente aumenta sus tarifas, así que verifique el monto actualizado al momento de enviar su solicitud. Si no envía el monto correcto de la tarifa, le regresarán su solicitud.

Si paga por medio de cheque, esté seguro de que tenga fondos. Si no, su solicitud será rechazada y es muy probable que el banco le cobre multas por enviar un cheque sin fondos.

NOTIFICACIÓN ELECTRÓNICA

Puede optar por recibir un correo electrónico y/o un mensaje de texto informándole que su solicitud ha sido aceptada. Deberá llenar el Formulario G-1145, Notificación Electrónica de Aceptación de Petición/Solicitud (lo encontrará en la página web del USCIS) y adjuntarlo a la primera página de su solicitud.

ADVERTENCIA SOBRE INFORMACIÓN FRAUDULENTA

Nunca mienta en las solicitudes que presente al USCIS. Si una persona intenta obtener una visa por medio del fraude —o sea, mintiendo y presentando información y documentos falsos— o esconde información relevante, el Gobierno de los Estados Unidos podría prohibirle permanentemente recibir una visa o la entrada al país.

Cometer fraude inmigratorio lo puede someter a severas penalidades y a ser procesado criminalmente.

4

Peticiones de empleo

La residencia permanente también se puede obtener a través de un trabajo u oferta laboral. El Gobierno de los Estados Unidos autoriza el ingreso legal de trabajadores extranjeros, pero solo si cumplen ciertos requisitos.

Generalmente, para que se apruebe una petición de empleo se debe comprobar que no hay suficientes trabajadores estadounidenses calificados y disponibles para ese trabajo específico dentro del país, y que los trabajadores extranjeros no desplazarán a trabajadores en los Estados Unidos.

Hay aproximadamente 140.000 visas basadas en empleo disponibles cada año fiscal (del 1 de octubre al 30 de septiembre) para inmigrantes que tengan las destrezas, educación y/o experiencia requeridas para solicitarlas. El Servicio de Ciudadanía e Inmigración de los Estados Unidos (USCIS, por sus siglas en inglés) denomina a estas visas como "Visas de Trabajadores Permanentes". Las personas que obtienen estas visas reciben el beneficio de la residencia permanente.

La ley de inmigración de los Estados Unidos dispone que solo personas calificadas tengan acceso a estas visas de empleo. Ciertos cónyuges e hijos solteros menores de veintiún años pueden acompañar o posteriormente reunirse con los inmigrantes que obtengan una visa de empleo.

Generalmente, los empleadores presentan las peticiones de empleo. Pero a veces, los empleados —como en el caso de personas con habilidades extraordinarias, incluidas en la categoría de primera preferencia explicada más adelante en este capítulo— pueden presentar sus propias peticiones.

Algunas visas de empleo requieren que usted ya tenga una oferta de empleo de un empleador de los Estados Unidos para iniciar el proceso. En este caso, el empleador será considerado su patrocinador.

CÓMO FUNCIONA EL LÍMITE DE VISAS EN CASOS DE EMPLEO

Las visas de empleo para inmigrantes se emiten en orden cronológico. O sea que las primeras peticiones que fueron presentadas serán las que recibirán las primeras visas hasta que se alcance el límite anual de visas disponibles para la categoría.

Por lo general, la fecha de presentación de una certificación laboral o petición de visa de empleo se convierte en la fecha de prioridad del solicitante. El Gobierno no puede emitir una visa de inmigrante hasta que se cumpla la fecha de prioridad del solicitante. En categorías en las cuales hay muchísimas solicitudes, puede haber un período de espera de varios años antes de que se cumpla la fecha de prioridad. Si desea saber cuándo estarán disponibles las visas de inmigrante en su categoría de empleo, puede llamar al Departamento de Estado de los Estados Unidos al (202) 663-1541.

La información, actualizada todos los meses, es publicada en el Boletín de Visas y está disponible en la siguiente página web: travel.state.gov/visa/bulletin/bulletin_1360.html.

CERTIFICACIÓN LABORAL

Antes de poder tramitar una visa de empleo para un inmigrante, el posible empleador del solicitante debe obtener una certificación laboral del Departamento de Trabajo de los Estados Unidos (DOL, por sus siglas en inglés). Afortunadamente, no todas las peticiones de empleo requieren de una certificación laboral. Algunas categorías de visas de empleo están exentas.

La certificación laboral constata que no hay suficientes trabajadores estadounidenses disponibles, calificados y dispuestos a ocupar el puesto que se ofrece con el salario actual, y que tampoco perjudicará los salarios y condiciones laborales de los trabajadores estadounidenses que tengan empleos similares.

Para obtener la certificación laboral, el empleador debe completar una Solicitud de certificación laboral permanente, Formulario ETA 9089. La solicitud debe describir en detalle las obligaciones del trabajo, requisitos educativos, entrenamiento, experiencia y otras habilidades especiales que debe poseer el empleado para realizar el trabajo para el cual se está postulando, además de un resumen de las cualificaciones del trabajador extranjero.

Antes de enviar el Formulario ETA 9089, el empleador debe solicitar y obtener una determinación salarial vigente del Centro Nacional de Salario Prevaleciente (National Prevailing Wage Center o NPWC). El empleador tiene la obligación de incluir en el formulario la información proporcionada por el NPWC, que incluye el salario prevaleciente para la ocupación, la fecha de determinación salarial y la fecha de caducidad.

El empleador tiene la obligación de pagar como mínimo el salario indicado por el Gobierno federal. Además, deberá demostrar que tiene la habilidad económica para pagar ese salario desde la fecha que se solicite la certificación laboral.

El proceso para obtener una certificación laboral puede llegar a ser lento y costoso. El empleador debe estar dispuesto a pagar ciertos gastos y proporcionar información financiera al Gobierno federal.

Si llegara a ser necesario obtener una certificación laboral, el empleador recién podría iniciar el proceso de presentar la petición de empleo después de recibirla. Una vez obtenida la certificación, deberá presentar el Formulario I-140, Petición de Trabajador Inmigrante Extranjero, al USCIS.

EXPIRACIÓN DE LA CERTIFICACIÓN LABORAL

Las certificaciones laborales tienen fecha de caducidad. Por eso, la empresa debe estar lista para proseguir con el proceso una vez que el DOL le entregue la certificación laboral para el puesto para el que quiere contratar a un trabajador extranjero.

A partir del 16 de julio de 2007, todas las certificaciones laborales expiran a los 180 días a partir de la fecha de la certificación.

Las peticiones basadas en certificaciones laborales aprobadas presentadas mediante el Formulario I-140 deben ser recibidas por el USCIS antes de que caduque el período de validez de 180 días; de lo contrario serán rechazadas.

Si la validez de la certificación laboral expira un sábado, domingo o día feriado, el USCIS aceptará el Formulario I-140 junto a la certificación de trabajo el día hábil siguiente.

CAPACIDAD DE PAGAR SALARIOS

Además de obtener una certificación laboral, un empleador debe comprobar que tiene la capacidad de pagar el salario pautado en una carta de empleo.

Las peticiones que requieren ofertas de empleo deben ir acompañadas de pruebas de que el potencial empleador en los Estados Unidos puede pagar el salario ofrecido. Entre las pruebas que puede someter están copias de informes anuales del estado de la compañía o negocio, declaraciones de impuestos federales o estados financieros auditados.

Si un potencial empleador tiene una empresa que emplea a cien ó más trabajadores, se puede presentar una declaración del funcionario financiero de la organización que establece la capacidad de pago del salario. De ser necesario entregar pruebas adicionales, se pueden presentar declaraciones de ganancias y pérdidas o registros de cuentas bancarias.

El empleador estadounidense debe demostrar la capacidad de pago del salario ofrecido desde la fecha en que solicita la certificación laboral. En casos donde no se requiere certificación laboral, debe demostrar esa capacidad a partir de la fecha de presentación de la petición hasta que el beneficiario extranjero se convierte en un residente permanente legal.

CATEGORÍAS DE VISAS DE EMPLEO

Hay distintos tipos de visas de empleo que abarcan diferentes especialidades laborales. Debe asegurarse de cumplir con los requisitos dentro de la categoría correcta antes de presentar la petición de empleo.

Las visas de empleo se dividen en cinco categorías de preferencia:

> ➤ Primera preferencia (EB-1): trabajadores de prioridad, incluyendo extranjeros que tienen aptitudes o habilidades extraordinarias en las ciencias, artes, educación, negocios o deportes, al igual que ejecutivos y profesores o investigadores sobresalientes.
> ➤ Segunda preferencia (EB-2): profesionales con títulos avanzados y personas de habilidad excepcional.
> ➤ Tercera preferencia (EB-3): trabajadores especializados, profesionales y trabajadores no calificados.
> ➤ Cuarta preferencia (EB-4): ciertos inmigrantes especiales.
> ➤ Quinta preferencia (EB-5): inversionistas inmigrantes.

Algunas de las categorías tienen distintos requisitos. A continuación, doy una explicación detallada de las primeras tres clases de preferencias de visas de empleo. Debido a la complejidad y subcategorías de la cuarta y quinta preferencia, dedicaré otros capítulos para explicar cómo cumplir con los requisitos para visas basadas en esas preferencias.

Primera preferencia (EB-1): trabajadores de prioridad

El Gobierno ha determinado que hay extranjeros que cumplen con los requisitos como "trabajadores de prioridad" o "trabajadores prioritarios" y, por lo tanto, facilitan el proceso por el cual pueden obtener esta visa.

Entran en esta categoría aquellos extranjeros que tienen aptitudes o habilidades extraordinarias en las ciencias, artes, educación, negocios o deportes, al igual que ejecutivos y profesores o investigadores sobresalientes.

Para ser un solicitante de primera preferencia, el USCIS le debe haber aprobado una Petición de Trabajador Inmigrante Extranjero o Formulario I-140.

Una gran ventaja para las personas que cumplen con los requisitos de esta preferencia —de trabajadores de prioridad— es que no requiere una certificación laboral del Departamento de Trabajo de los Estados Unidos.

Por lo general, los trabajadores de prioridad reciben el 28,6% del límite anual mundial de visas de empleo para inmigrantes. Esta categoría se divide en tres grupos.

1. *Personas con habilidades extraordinarias en las ciencias, artes, educación, negocios o atletismo*

Las personas que solicitan una visa dentro de esta categoría deben tener documentación cuantiosa que muestre reconocimiento nacional o internacional en su campo de especialización.

El USCIS requiere que la persona presente por lo menos tres pruebas que demuestren aptitudes extraordinarias. Entre la evidencia que acepta: que recibió premios o galardones por excelencia dentro de su especialidad; materiales publicados sobre el solicitante en publicaciones profesionales o comerciales de renombre o en otros medios de comunicación de renombre; que haya juzgado el trabajo de otras personas, ya sea individualmente o como parte de un panel; ejemplos de sus contribuciones científicas, artísticas, académicas o deportivas que indiquen su importancia en el campo de su especialización; autoría de artículos académicos aparecidos en publicaciones profesionales o comerciales de renombre; que su trabajo se haya exhibido en exposiciones o muestras artísticas.

No es necesario que las personas con habilidades extraordinarias tengan ofertas de trabajo específicas, siempre y cuando su propósito al ingresar a los Estados Unidos sea continuar trabajando dentro del campo laboral en el que tienen habilidades extraordinarias.

Estos solicitantes pueden presentarle al USCIS sus propias peticiones de trabajador inmigrante extranjero, Formulario I-140.

2. *Profesores e investigadores destacados*

Estas personas deben tener al menos tres años de experiencia en la enseñanza o la investigación y ser reconocidos internacionalmente.

El USCIS requiere que la persona presente evidencia que se destaque dentro de su especialidad. Entre las pruebas que acepta: que ha recibido premios o galardones importantes por sus logros sobresalientes; artículos en publicaciones profesionales escritos por otras personas sobre el trabajo del extranjero en el campo académico; contribuciones investigativas científicas o académicas originales en su campo; autoría de libros o artículos académicos (en publicaciones académicas de circulación internacional).

Los solicitantes de esta categoría deben venir a los Estados Unidos con planes de conseguir una titularidad universitaria, o de enseñar u obtener un puesto de investigación en una universidad u otra institución de educación superior.

Esta subcategoría requiere que el futuro empleador presente una oferta de trabajo junto a la Petición de Trabajador Inmigrante Extranjero, Formulario I-140.

3. *Gerentes o ejecutivos de multinacionales*

Estas personas deben haber estado empleados durante al menos uno de los tres años anteriores por una filial o subsidiaria en el extranjero de un empleador de los Estados Unidos.

El empleo del solicitante mientras estuvo fuera de los Estados Unidos debe haber sido en funciones gerenciales o ejecutivas, y el trabajo al cual aspira dentro de los Estados Unidos tiene que ser en funciones gerenciales o ejecutivas. El empleador que presenta su petición de trabajo tiene que ser un empleador de los Estados Unidos. La compañía del empleador tiene que haber estado operando al menos un año, ya sea como afiliada, sucursal o la misma corporación que lo empleó en el extranjero.

Esta subcategoría requiere que el futuro empleador presente una oferta de trabajo junto a la Petición de Trabajador Inmigrante Extranjero, Formulario I-140.

Segunda preferencia (EB-2): profesionales con títulos avanzados y personas con habilidades excepcionales

Esta preferencia se reserva para profesionales que tengan títulos de posgrado o que tengan aptitudes excepcionales en las artes, ciencias o negocios.

Por lo general, una persona que solicita una visa de empleo de segunda preferencia necesita una certificación laboral y una oferta de trabajo. Esta categoría requiere que el futuro empleador en los Estados Unidos presente una Petición de Trabajador Inmigrante Extranjero, Formulario I-140, a nombre del solicitante.

Los solicitantes pueden solicitar una exención a la oferta de trabajo y certificación laboral, conocida como una "dispensa por interés nacional" (National Interest Waiver). Esta exención se le otorga a extranjeros que tengan aptitudes excepcionales y cuyo empleo en los Estados Unidos beneficiaría en gran medida a la nación. De ser así, el solicitante podrá presentar por su propia cuenta la Petición de Trabajador Inmigrante Extranjero, Formulario I-140, junto con la evidencia que justifique que su presencia y experiencia serían de beneficio para los Estados Unidos.

Los profesionales con títulos de posgrado y las personas de habilidad excepcional reciben el 28,6% del límite anual mundial de visas de empleo para inmigrantes, además de las visas no utilizadas de la primera preferencia.

Existen dos subgrupos en esta categoría:

1. *Profesionales con títulos de posgrado*
Estas personas deben tener títulos superiores al de bachiller o licenciatura y al menos cinco años de experiencia en la profesión.

Como evidencia, el solicitante deberá presentar documentación tal como récords académicos oficiales que demuestren que tiene un título de posgrado de los Estados Unidos o un título equivalente de una universidad extranjera. También puede presentar pruebas que demuestren tener un título de bachiller de una universidad de los Estados Unidos o un título equivalente de una universidad extranjera, además de cartas de actuales o previos empleadores que indiquen que tiene al menos cinco años de experiencia laboral en su especialidad después de haber recibido el título universitario.

2. *Personas con habilidades excepcionales en las ciencias, artes o negocios*
Habilidad excepcional significa que la persona tiene un grado de especialización muy por encima de lo que normalmente se encuentra en las ciencias, artes o negocios.

El USCIS requiere que la persona presente por lo menos tres pruebas que demuestren aptitudes extraordinarias. Entre la evidencia que acepta: récords académicos oficiales que muestren que tiene un título, diploma o certificado otorgado por una universidad, escuela u otra institución académica relacionada con el campo en el que tiene una aptitud excepcional; cartas que documenten que tiene por lo menos diez años de experiencia en su profesión a tiempo completo; licencia para ejercer su profesión o una certificación profesional; pruebas de que ha recibido salario o remuneración por sus servicios que demuestran su aptitud excepcional; reconocimiento de colegas, entidades gubernamentales u organizaciones profesionales por sus logros y contribuciones dentro de su campo de especialidad.

Tercera preferencia (EB-3): trabajadores especializados, profesionales y trabajadores no especializados

Esta preferencia se reserva para trabajadores especializados, no especializados y ciertos profesionales.

Una persona que solicita una visa en la categoría de tercera preferencia debe tener una Petición de Trabajador Inmigrante Extranjero, Formulario I-140, ya aprobada. La petición debe haber sido presentada por un empleador. Los trabajadores en esta categoría requieren una certificación laboral.

Se tiene que demostrar que no hay trabajadores calificados disponibles en los Estados Unidos para el trabajo para el cual el extranjero está siendo peticionado.

Los trabajadores especializados, profesionales y trabajadores no calificados en esta categoría reciben el 28,6% del límite anual mundial de visas de empleo para inmigrantes, además de las visas no utilizadas de la primera y segunda preferencia.

Hay tres subgrupos en esta categoría:

1. Trabajadores especializados

Estas personas, cuyos trabajos requieren un mínimo de dos años de entrenamiento o experiencia laboral que no sea de carácter temporal o estacional, deberán comprobar que tienen dos años de entrenamiento o experiencia laboral.

2. Profesionales

Estas personas, que tienen al menos un título de bachiller de una universidad de los Estados Unidos o título equivalente de una universidad extranjera, deberán presentar evidencia que compruebe que tienen el título universitario. La educación y la experiencia no pueden sustituir un título universitario.

3. Trabajadores no especializados

Estas personas, capaces de ocupar puestos que requieren menos de dos años de entrenamiento o experiencia que no sea de carácter temporal o estacional, deberán estar capacitadas para realizar un trabajo no especializado (que requiere menos de dos años de capacitación o experiencia) en el momento en que se presenta la petición a su nombre.

CÓMO PRESENTAR UNA PETICIÓN DE TRABAJO

Si le aprobaron la certificación laboral o si la categoría de visa de empleo no requiere una certificación laboral, puede iniciar el proceso para presentar la petición de empleo. En esta etapa del proceso tendrá que completar el Formulario I-140, Petición de Trabajador Inmigrante Extranjero.

Generalmente, el empleador tiene que llenar el formulario y enviarlo al USCIS. Pero bajo ciertas circunstancias, el inmigrante mismo puede completar y presentar el Formulario I-140.

A continuación explico cómo llenar esta solicitud, indicaré los documentos que deben incluirse y cómo se debe entregar la petición. Si bien trataré de simplificarlo lo más posible, la realidad es que es un proceso muy complejo y deberían usar los servicios de un abogado de inmigración para hacer el trámite.

QUIÉN DEBE COMPLETAR EL FORMULARIO I-140

El empleador es quien debe completar y presentar el Formulario I-140. Además, cualquier empresa, persona o tercero puede presentar esta petición, incluyendo el beneficiario extranjero de la petición, si la solicitud está siendo presentada a favor de:

> ➤ Un extranjero con habilidades extraordinarias en las ciencias, artes, educación, negocios o atletismo cuyos logros han sido reconocidos en el campo a nivel nacional o internacional.

> ➤ Un profesional que tenga un título avanzado o que asegure tener una habilidad excepcional en las ciencias, artes o negocios, y esté buscando una exención del requisito de una oferta de trabajo bajo la cláusula del interés nacional, generalmente conocida como "Exención por interés nacional" (NIW, por sus siglas en inglés).

CÓMO COMPLETAR EL FORMULARIO I-140

El Formulario I-140 se utiliza para solicitar a una visa de inmigrante basada en empleo. La versión actual del Formulario I-140, solo disponible en inglés, consiste de seis páginas y se divide en nueve partes. Tenga en cuenta que el Gobierno de los Estados Unidos periódicamente actualiza o cambia el formulario, así que asegúrese de estar llenando la versión más reciente, de lo contrario el USCIS rechazará su solicitud. Podrá encontrar el formulario más reciente en el sitio web del USCIS, www.uscis.gov.

Los empleadores o inmigrantes que están presentando autopeticiones deben completar cuidadosamente cada sección y verificar que toda la información proporcionada sea correcta.

Parte 1: Información acerca de la persona u organización que presenta la petición

Esta parte del formulario pide información sobre el empleador, como el nombre de la empresa, la dirección, información de contacto y número de Impuestos del Servicio de Rentas Internas (Internal Revenue Service (IRS) Tax Number) o de Seguro Social.

Si usted entra dentro de la categoría de trabajadores extranjeros que no requieren un empleador que patrocine la petición y pueden presentar el Formulario I-140 por su cuenta, hay una sección donde tendrá que incluir su nombre y su dirección como "autopatrocinador".

Parte 2: Tipo de petición

Esta sección del formulario requiere que el empleador indique qué tipo de categoría de visa de empleo está solicitando para el trabajador extranjero. Esta clasificación se refiere a las categorías basadas en el empleo: EB-1 (trabajadores de prioridad), EB-2 (profesionales con títulos avanzados y personas con habilidades excepcionales) y EB-3 (trabajadores especializados, profesionales y trabajadores no especializados).

Esta sección es particularmente importante porque si el empleador erróneamente solicita la clasificación equivocada, el USCIS puede negar la petición.

Parte 3: Información sobre la persona que está peticionando

Aquí se pide información sobre el trabajador extranjero tal como nombre, dirección, país de nacimiento y nacionalidad. Además se pide el número de registro de extranjero (Alien Registration Number), número de Seguro Social, si tiene uno, y número de registro de entrada y salida, que se encuentra en el Formulario I-94 (el que se entrega cuando se ingresa al país). Si el trabajador ya está dentro de los Estados Unidos, también tiene que incluir su estatus actual de no inmigrante.

Es la obligación del empleador (o autopatrocinador) proporcionar la información más reciente sobre el estatus del trabajador, la fecha de expiración de ese estatus y la fecha en que ingresó el trabajador a los Estados Unidos.

El USCIS va a corroborar toda la información. Si no es correcta, puede negar la petición.

Parte 4: Información para el procesamiento

Esta sección pide información sobre previos procesos inmigratorios del trabajador extranjero y planes futuros. Por ejemplo, se pregunta si alguna vez se presentó otra petición de visa para el trabajador o fue puesto en proceso de deportación.

El empleador también tiene que indicar si el trabajador tiene planes de solicitar la residencia legal permanente por medio de ajuste de estatus o por proceso consular.

Parte 5: Información adicional sobre quién presenta la petición

Esta sección requiere que se incluya información adicional sobre la persona que está presentando la petición. Aquí debe nuevamente clarificarse si el peticionario es una empresa o el inmigrante mismo.

La empresa debe indicar qué tipo de negocio es, la fecha de su fundación, sus ingresos y cuántos empleados tiene en los Estados Unidos. El empleador también debe declarar si completó el proceso de certificación laboral para las categorías de visas que lo requieran, como la EB-2 y la EB-3.

Parte 6: Información básica sobre la propuesta de empleo

Aquí se solicita información básica sobre el empleo para el cual se está peticionando al trabajador extranjero, como el título, descripción y el salario del puesto. También se debe incluir si el puesto es de tiempo completo y la dirección donde trabajará el inmigrante.

Parte 7: Información sobre cónyuges e hijos de la persona que se está peticionando

En esta sección debe poner el nombre del cónyuge y todos los hijos de la persona para quien se está presentando una petición de empleo. Debe incluirse la fecha y el país de nacimiento de cada uno de los miembros de la familia.

Se deberá indicar si los miembros de la familia del trabajador que está siendo peticionado van a solicitar visas de inmigrante dentro de los Estados Unidos o por medio del proceso consular en el extranjero.

Parte 8: Firma del peticionario

Esta sección requiere la firma del peticionario, número de teléfono y dirección de correo electrónico (e-mail). También se debe incluir el cargo de la persona que firma si el peticionario es un empleador.

Al firmar el documento usted certifica bajo pena de perjurio que el contenido de la petición y las pruebas presentadas en apoyo de la solicitud son todas verdaderas y correctas. Además, autoriza al USCIS a investigarlo y compartir la información presentada con otras oficinas gubernamentales, de ser necesario, para determinar la elegibilidad al beneficio migratorio que se solicita.

Si no completa el formulario en su totalidad o no presenta todos los documentos requeridos en las instrucciones, esto puede ocasionar una demora o el rechazo de su solicitud.

Parte 9: Firma de la persona que prepara la petición, si no es el peticionario

Esta sección solo se completa si no es el peticionario quien llenó el formulario, sino un abogado de inmigración u otro representante legal. Debe incluirse el nombre de la persona que completó el formulario, su información de contacto y su firma.

Es de suma importancia que su representante legal complete esta sección para protegerlo a usted en caso de que la persona que lo está ayudando cometa fraude sin su conocimiento.

DOCUMENTOS QUE DEBEN PRESENTARSE CON LA PETICIÓN DE EMPLEO

Cada petición I-140 es diferente. Cómo se llena el formulario depende del tipo de empleo y la clasificación de la visa de inmigrante bajo la cual califica el trabajador extranjero.

Por ejemplo, se requieren distintos documentos para una petición de empleo para visas de preferencia EB-1, EB-2 y EB-3. Para una lista de los documentos que comprueban la elegibilidad en estas categorías, ver la sección anterior de este capítulo, donde se explican las preferencias.

Independientemente de la categoría bajo la cual se está haciendo la solicitud al trabajador extranjero, se tiene que presentar evidencia de que esa persona es elegible para inmigrar con una visa de empleo y de que se está cumpliendo con todas las disposiciones del USCIS y del DOL.

Con la excepción de las categorías que abarcan a extranjeros con habilidades extraordinarias y aquellos que cumplen con la exención por interés nacional (National Interest Waiver), todas las categorías de preferencia de visa del Formulario I-140 requieren una oferta de trabajo permanente de un empleador de los Estados Unidos.

Toda la evidencia inicial (ya que el USCIS le puede pedir más evidencia tras revisar su caso) debe entregarse al momento en que se presenta la petición. Si piensa presentar la petición electrónicamente por vía de Internet, deberá seguir las instrucciones en el sitio web del USCIS: www.uscis.gov.

A no ser que el USCIS le pida documentos originales, solo envíe fotocopias certificadas. Si usted envía documentos originales cuando no se los pidieron, pueden permanecer dentro del expediente y no les serán regresados automáticamente.

Todo documento que no esté en inglés debe incluir una traducción certificada. El traductor debe incluir una certificación que haga constar que la persona es competente para traducir los documentos y que la traducción es completa y correcta. No se aceptan resúmenes de los documentos. La certificación también debe incluir el nombre del traductor, su firma, dirección y teléfono, y fecha de la certificación.

Lista de documentos en común

Aunque hay documentos específicos para las categorías bajo las cuales se presenta una petición, hay algunos que son en común para varios de los Formularios I-140.

Junto con el Formulario I-140 se debe entregar:

➤ La tarifa para presentar el Formulario I-140.
➤ Certificación laboral original aprobada. Este formulario original debe estar firmado por el empleador y el trabajador extranjero.
➤ Carta del empleador en papel membrete que afirme la intención de contratar al empleado a tiempo completo, con el salario que le va a pagar.
➤ Copias de títulos y expedientes universitarios.
➤ Cartas de previos empleadores que confirmen la experiencia del trabajador.
➤ Pruebas de que el empleador tiene la habilidad de pagar el salario ofrecido al trabajador.
➤ Copias de la visa actual del trabajador extranjero.
➤ Copia del Formulario I-94, Registro de Entrada y Salida.

DÓNDE SE DEBE PRESENTAR LA PETICIÓN I-140

Las peticiones se pueden enviar al USCIS por correo postal o presentarse electrónicamente por internet, por medio de un *e-filing* (presentación electrónica).

El USCIS ofrece las direcciones exactas donde los empleadores deben enviar peticiones I-140 y las instrucciones específicas para el *e-filing* en su página web.

Hay diferentes direcciones para enviar la petición, según el método de envío y si va a incluir otros formularios junto al I-140. Por ejemplo, si el empleador está presentando sólo una petición I-140 (con la documentación adicional requerida) y opta por usar un servicio de mensajería (como FedEx) debe enviarlo a la siguiente dirección:

> USCIS
> Attn: I-140
> 2501 S. State Highway
> 121 Business, Suite 400
> Lewisville, TX 75067

Si se usa correo postal común para enviar únicamente el Formulario I-140, la dirección es otra:

> USCIS
> P.O. Box 660128
> Dallas, TX 75266

Si además del Formulario I-140 quiere presentar en forma conjunta el Formulario I-485, Solicitud de registro de residencia permanente o ajuste de estatus, debe enviarlos a la siguiente dirección si usa servicio de mensajería:

> USCIS
> Attn: AOS
> 2501 S. State Highway 121
> Business
> Suite 400
> Lewisville, TX 75067

Si desea usar correo postal común para enviar de forma conjunta los formularios I-140 y I-485, esta es la dirección:

USCIS
P.O. Box 660867
Dallas, TX 75266

Para obtener la información más actualizada sobre dónde presentar la solicitud, consulte el sitio web del USCIS yendo a www.uscis.gov/I-140 o llame al Centro Nacional de Servicio al Cliente del USCIS al 1-800-375-5283 —tienen una opción para continuar con la llamada en español.

PRESENTACIÓN ELECTRÓNICA DEL FORMULARIO I-140

Bajo ciertas circunstancias, se puede hacer un *e-filing*, o presentación electrónica del Formulario I-140.
Los siguientes inmigrantes son elegibles para hacer *e-filing*:

> ➤ Extranjeros con habilidades extraordinarias.
> ➤ Profesores o investigadores destacados.
> ➤ Ejecutivos o gerentes multinacionales.
> ➤ Profesionales con títulos avanzados o extranjeros con habilidades excepcionales (que no están solicitando una exención por interés nacional).
> ➤ Profesionales que tengan, como mínimo, un título de bachiller universitario.
> ➤ Trabajadores especializados (que tengan por lo menos dos años de entrenamiento o experiencia).
> ➤ Cualquier otro trabajador (que tenga menos de dos años de entrenamiento o experiencia).
> ➤ Extranjeros que soliciten una exención por interés nacional (debe ser un profesional con título universitario avanzado o un extranjero de habilidad excepcional).

Para obtener información sobre quién es elegible y cómo hacer un *e-filing* del formulario, visite el sitio web del USCIS, www.uscis.gov, y haga clic en el enlace File My Application Online (e-Filing). Este servicio sólo está disponible en inglés.
Si usted hace *e-filing* del Formulario I-140, será automáticamente enviado al Centro de Servicio correspondiente y recibirá un recibo que indique adónde fue enviado.

Para peticiones presentadas electrónicamente es muy importante revisar su recibo. Tome nota del número de recibo y de qué centro específico tiene su petición. Todas las comunicaciones posteriores, incluyendo la presentación de documentos de apoyo, se deben dirigir al lugar de recepción indicado en su recibo del *e-filing*.

COSTO DEL FORMULARIO I-140

La tarifa para presentar el Formulario I-140 es de $585. El USCIS periódicamente aumenta sus tarifas, así que verifique el monto actualizado antes de enviar su solicitud. Si no envía el monto correcto de la tarifa, le regresarán su solicitud.

La tarifa debe pagarse por cheque o giro postal emitido por un banco u otra institución financiera ubicada dentro de los Estados Unidos y debe pagarse en dólares.

El cheque o giro postal debe hacerse pagadero a: U.S. Department of Homeland Security.

No deben usarse iniciales; se tiene que incluir el nombre completo. Si paga por medio de cheque, esté seguro de que tenga fondos. De lo contrario, su solicitud será rechazada y es muy probable que el banco le cobre multas por enviar un cheque sin fondos.

Si vive fuera de los Estados Unidos, deberá contactar a la embajada o consulado más cercano para que le den instrucciones sobre la forma de pago.

PROCESAMIENTO ACELERADO

El USCIS ofrece un servicio de "Premium Processing" para acelerar el procesamiento de solicitudes y peticiones de empleo. Este servicio cuesta $1.225.

Si desea solicitar "Premium Processing", deberá presentar el Formulario I-907, Solicitud de trámite acelerado, y enviarlo junto con el I-140.

El USCIS garantiza a las personas que usan este servicio que entregarán una decisión sobre la petición en quince días corridos (incluyendo sábados y domingos), de lo contrario reembolsarán el monto de la cuota. Aunque reembolsen la cuota de no cumplir con el plazo de quince días corridos, el USCIS se compromete a continuar procesando el caso de forma acelerada.

El período de quince días comienza en el momento en que el USCIS recibe el Formulario I-907. Si la petición o solicitud requiere la presentación de pruebas adicionales, se agregará un nuevo período de quince días.

Las direcciones para enviar los formularios I-907 y I-140 varían dependiendo de dónde trabajará el empleado. La lista de las direcciones se encuentran en el Formulario I-907.

Si ya presentó el Formulario I-140 y aún está esperando una decisión, puede solicitarse el servicio de trámite acelerado de forma posterior. El Formulario I-907 tiene instrucciones de cómo iniciar el trámite. Este servicio no está disponible para todas las categorías de peticiones de empleo. Para determinar si es elegible para "Premium Processing", visite el sitio web del USCIS, www.uscis.gov.

NOTIFICACIÓN ELECTRÓNICA

Puede optar por recibir un correo electrónico y/o un mensaje de texto informándole que su solicitud ha sido aceptada. Deberá llenar el Formulario G-1145, Notificación Electrónica de Aceptación de Petición/Solicitud (lo encontrará en la página web del USCIS) y adjuntarlo a la primera página de su solicitud.

5

Inmigrantes especiales

El Gobierno de los Estados Unidos estableció una categoría que incluye a personas que, por distintas razones, son consideradas "inmigrantes especiales". Las personas que entran dentro de esta categoría son elegibles para solicitar la residencia permanente o tarjeta verde bajo el programa de inmigrante especial del Servicio de Ciudadanía e Inmigración de Estados Unidos (USCIS, por sus siglas en inglés).

La categoría de inmigrante especial tiene diferentes subcategorías. Cada una de ellas tiene requisitos específicos que se deben cumplir para que el USCIS acepte la solicitud. Para poder solicitar la residencia permanente por medio de este programa, la persona debe llenar una petición que explique en detalle las circunstancias por la cuales debe ser considerado un inmigrante especial y presentarla ante el USCIS.

Los inmigrantes especiales entran dentro de la cuarta preferencia (EB-4) basada en el empleo. Las personas que solicitan la tarjeta verde por medio de la cuarta preferencia deben presentar el Formulario I-360, Petición de Inmigrante Especial.

A continuación, detallo algunas de las diferentes subcategorías, requisitos y documentación necesaria para presentar una solicitud como inmigrante especial.

CUARTA PREFERENCIA (EB-4): CIERTOS INMIGRANTES ESPECIALES

Esta preferencia se reserva para lo que el USCIS denomina "inmigrantes especiales". Entran dentro de esta categoría ciertos trabajadores religiosos, empleados de puestos de servicio exterior de los Estados Unidos, personal retirado de organizaciones internacionales, extranjeros menores de edad que están bajo la protección de tribunales de los Estados Unidos, entre otros.

Ciertos empleados o ex empleados del Gobierno de los Estados Unidos en el extranjero también entran dentro de esta categoría. En su caso, deben llenar el Formulario DS-1884, Petición para Clasificar al Inmigrante Especial como Empleado o Ex Empleado del Gobierno de los Estados Unidos en el Extranjero.

Una persona que solicita una visa en la categoría de cuarta preferencia debe presentar una Petición de Inmigrante Especial, Formulario I-360. No se necesita una certificación laboral para ninguno de los subgrupos de inmigrantes especiales. Los inmigrantes especiales reciben un 7,1% del límite anual mundial de visas de empleo para inmigrantes.

Hay varios subgrupos dentro de esta categoría, entre ellos:

➤ Ministros y trabajadores religiosos.
➤ Menores inmigrantes especiales.
➤ Empleados de la zona del Canal de Panamá.

MINISTROS Y TRABAJADORES RELIGIOSOS

El Gobierno de los Estados Unidos estableció una categoría especial para ministros y trabajadores religiosos extranjeros que tienen intención de inmigrar o ajustar su estatus en los Estados Unidos con el propósito de realizar trabajo religioso. Estas personas deben trabajar de tiempo completo para una organización religiosa legítima sin fines de lucro (o una organización legítima afiliada a una denominación religiosa en los Estados Unidos).

La petición la puede presentar un empleador de los Estados Unidos a nombre de un extranjero o el extranjero mismo, por medio de una autopetición, si cumple con todos los requisitos. La petición por medio del Formulario I-360 le permite al solicitante religioso el ingreso para trabajar:

1. Únicamente como ministro de esa denominación religiosa.
2. En la vocación religiosa, ya sea en una capacidad profesional o no profesional.
3. En un oficio religioso ya sea en una capacidad profesional o no profesional.

Para calificar, el extranjero debe:

1. Haber sido miembro de una denominación religiosa que, durante al menos los dos años inmediatamente anteriores a la presentación de la petición, haya tenido una organización religiosa legítima sin fines de lucro en los Estados Unidos.
2. Haber estado trabajando en un oficio religioso, ya sea en el exterior o legalmente dentro de los Estados Unidos, después de los catorce años de edad y de forma continua durante al menos dos años inmediatamente anteriores a la presentación de la petición.

Todos los trabajadores religiosos, exceptuando los ministros, que emigran a los Estados Unidos como trabajadores religiosos inmigrantes especiales deben inmigrar o ajustar su estatus al de residente permanente antes de la fecha de expiración establecida. Actualmente, esa fecha es el 20 de septiembre de 2015. Es posible que la fecha se extienda. De ser así, el USCIS proveerá información sobre la nueva fecha en su sitio web.

Hay un límite anual de 5.000 trabajadores inmigrantes especiales religiosos. Los ministros no están incluidos en la limitación.

Junto con la petición debe enviar:

1. Documentación que establece el carácter religioso y el propósito de la organización. Entre las pruebas aceptadas: certificación de denominación religiosa; copia de los estatutos corporativos que especifican los objetivos de la organización; literatura organizacional, como libros, artículos, folletos o calendarios que describen el propósito religioso y la naturaleza de las actividades de la organización.
2. Evidencia de que la organización que realiza la solicitud es una entidad exenta de impuestos. Como prueba se puede incluir una carta del Servicio de Rentas Internas (IRS, por sus siglas en inglés) que establece el estatus de exención de impuestos del grupo u organización.
3. Certificación del empleador (sección que se encuentra dentro del Formulario I-360). Esta parte del formulario debe ser firmada y fechada por un funcionario autorizado del empleador que está peticionando al trabajador religioso extranjero.
4. Evidencia verificable del salario u otras prestaciones que el empleador piensa pagarle al empleado extranjero.

5. Evidencia de que el extranjero ha sido miembro de la denominación religiosa durante al menos los dos años inmediatamente previos a que se presente la solicitud.

6. Evidencia que establezca que el empleado extranjero ha estado trabajando en un oficio religioso, ya sea en el exterior o legalmente dentro de los Estados Unidos, después de los catorce años de edad y de forma continua durante al menos dos años inmediatamente anteriores a la presentación de la petición.

7. Evidencia que compruebe que el extranjero está capacitado para realizar las tareas del puesto ofrecido.

INMIGRANTES MENORES ESPECIALES

Se consideran inmigrantes menores especiales aquellos extranjeros que han sido declarados dependientes de un tribunal de menores en los Estados Unidos, o que el tribunal ha colocado bajo la custodia de una agencia o departamento de un Estado, persona o entidad designada por un tribunal estatal o juvenil. Cualquier persona, incluyendo el inmigrante menor, puede presentar esta petición (Formulario I-360) siempre y cuando esté presente dentro de los Estados Unidos, sea soltero y menor de veintiún años de edad.

Además, para ser elegible, la corte debe haber determinado que no sería en el mejor interés del menor el ser devuelto a uno o ambos padres debido a un historial de abuso, negligencia o abandono; o ser regresado a su país de origen, el de sus padres o el último sitio donde vivió.

La petición se debe presentar junto con la copia del acta de nacimiento del menor o cualquier otro documento que compruebe su edad, y copias de documentos judiciales en los cuales se establece su elegibilidad.

Una vez que un inmigrante menor obtiene la residencia permanente, sus padres biológicos o adoptivos no podrán recibir ningún beneficio inmigratorio basado en su parentesco.

EMPLEADOS DE LA ZONA DEL CANAL DE PANAMÁ

Esta categoría de inmigrante especial abarca a personas que trabajaron para la Compañía del Canal de Panamá, el Gobierno de la Zona del Canal o el Gobierno de los Estados Unidos en la Zona del Canal.

Se puede presentar esta petición a favor de un extranjero que, en el momento en que entró en vigor el Tratado del Canal de Panamá de 1977, cumplía los siguientes requisitos:

1. La persona era residente de la Zona del Canal y había estado empleada por la Compañía del Canal de Panamá o por el Gobierno de la Zona del Canal durante al menos un año.
2. La persona era ciudadana panameña jubilada honorablemente de su empleo con el Gobierno de los Estados Unidos en la Zona del Canal tras haber trabajado un total de quince años o más.
3. La persona fue empleada durante quince años y se jubiló honorablemente o era empleada de la Compañía del Canal de Panamá o el Gobierno de la Zona del Canal, para el cual había sido una empleada fiel durante cinco años o más, y cuya seguridad personal o la seguridad de su cónyuge o hijos está en peligro como consecuencia directa de la naturaleza especial de su empleo y como consecuencia directa del Tratado.

La petición debe presentarse con la siguiente documentación:

1. Una carta de la Compañía del Canal de Panamá, el Gobierno de la Zona del Canal o agencia del Gobierno de los Estados Unidos que indique cuánto tiempo estuvo empleada la persona en la Zona del Canal, detalles del empleo, jubilación o circunstancias bajo las cuales se haya terminado el empleo.
2. Evidencia que establezca que hay razones por las cuales debe alegarse que está en peligro su seguridad personal.

COSTOS DE LA PETICIÓN

El USCIS cobra $405 para procesar el Formulario I-360. Sin embargo, hay algunas instancias en las que los solicitantes están exentos de pagar este arancel.

No tienen que pagar la cuota del trámite los siguientes inmigrantes especiales:

1. Inmigrantes menores especiales.
2. Cónyuges o hijos abusados o maltratados de un ciudadano o residente permanente de los Estados Unidos que se están autopeticionando.

DÓNDE ENVIAR LA PETICIÓN

La dirección adonde puede presentar el Formulario I-360 depende de dónde vive y de la categoría bajo la cual está presentando la petición. Podrá encontrar la dirección que le corresponde en las instrucciones del formulario. Asegúrese de que sea la versión más reciente del formulario, porque a veces cambian las direcciones.

Para verificar que tiene la información más actualizada, visite el sitio web del USCIS (www.uscis.gov) y haga clic en la sección de "formularios" en la parte superior de la página. Esto lo llevará a la página con la lista de todos los formularios actualizados que puede descargar. Busque el Formulario I-360 y haga clic. Se abrirá otra página donde puede descargar el formulario y las instrucciones. Si no tiene acceso a Internet, llame al Centro Nacional de Servicio al Cliente al 1-800-375-5283 para verificar la dirección actualizada para enviar la petición.

Asegúrese de haber completado correctamente el formulario. El USCIS rechaza todo formulario que no haya sido completado y presentado correctamente; le devolverán la cuota que envió, junto con instrucciones para volver a presentar la petición.

Si vive fuera de los Estados Unidos y está haciendo una autopetición, puede presentar el Formulario I-360 en la oficina del USCIS o la embajada o consulado de los Estados Unidos que tiene jurisdicción sobre el área donde usted vive. Tenga en cuenta que el Formulario I-485 no se puede presentar junto al Formulario I-360 si usted vive fuera de los Estados Unidos.

NOTIFICACIÓN ELECTRÓNICA

Si desea recibir un correo electrónico o un mensaje de texto avisándole que su Formulario I-360 fue recibido en la oficina del USCIS, deberá completar el Formulario G-1145, Notificación Electrónica de Aceptación de Petición/Solicitud, y adjuntarlo a la primera página de su solicitud.

Puede encontrar el Formulario G-1145 en la sección de formularios de la página web del USCIS.

6

Peticiones por medio de inversión

El Gobierno de los Estados Unidos ofrece una visa especial para inversionistas extranjeros y sus familias inmediatas que les permite adquirir la residencia legal permanente.

Se trata de la Visa de Inmigrante para la Creación de Empleos, comúnmente conocida como el programa de visa inversionista EB-5. Esta visa entra dentro de la categoría de quinta preferencia en base al empleo.

Este tipo de visa no es ampliamente utilizada debido al costo de la solicitud y los requisitos exigidos, que incluyen una inversión de $500.000 a $1 millón. Pero ofrece una alternativa para personas que tienen los medios económicos o acceso a capitales legítimos.

El Congreso de los Estados Unidos creó la categoría de visa para inversionistas en 1990 para fomentar el flujo de capital extranjero a la economía de los Estados Unidos y crear empleos para trabajadores estadounidenses. La visa EB-5 otorga la residencia permanente en forma condicional por un período de dos años a extranjeros "calificados" que contribuyan al crecimiento económico del país mediante la inversión en empresas en los Estados Unidos y la creación de oportunidades laborales.

Una de las ventajas de la visa EB-5 es que no requiere un proceso de certificación laboral. Una desventaja es que es un proceso largo y engorroso, debido a la complejidad de los requisitos.

Cada año, el Gobierno de los Estados Unidos autoriza la emisión de 10.000 visas EB-5 para empresarios extranjeros, junto con sus cónyuges e hijos solteros menores de edad. A continuación, explico cuáles son los requisitos y los procedimientos para solicitar esta clase de visa.

REQUISITOS

Hay tres requisitos básicos que hay que cumplir para una visa EB-5:

1. Invertir en una empresa comercial.
2. Invertir capital.
3. Crear empleos.

INVERSIÓN EN UNA EMPRESA COMERCIAL

Para ser considerado para una visa EB-5, todo inversionista debe invertir en una nueva empresa comercial cuya actividad legal genere lucro. La empresa puede ser una sociedad unipersonal (*sole proprietorship*), una sociedad, una corporación, una alianza comercial (*joint venture*), un holding, un fideicomiso comercial u otra entidad pública o privada.

La "nueva" empresa comercial debe haberse establecido después del 29 de noviembre de 1990. Hay excepciones a esta regla. Se aceptan empresas comerciales establecidas el 29 de noviembre de 1990 o antes bajo las siguientes circunstancias:

1. Se compró un negocio previamente establecido, pero se reestructuró o reorganizó de tal manera que se crea una nueva empresa comercial.
2. Se realizó una expansión a través de la inversión requerida de modo que aumentó en un 40% el patrimonio neto o el número de empleados o ambas cosas.

INVERSIÓN DE CAPITAL

El empresario extranjero interesado en una visa EB-5 tiene que hacer una inversión de $1 millón. Si decide invertir en una "zona de incentivo laboral" (*targeted employment area*), que incluye áreas rurales con alto desempleo, esa cantidad podría reducirse a $500.000.

Es un requisito indispensable que el inversionista esté personalmente involucrado o que supervise a los gerentes en las operaciones diarias de la empresa comercial.

El capital utilizado para la inversión no puede ser dinero obtenido por medio de un préstamo o de forma ilegal.

CREACIÓN DE EMPLEOS

El empresario inversionista tiene la obligación de crear o conservar por lo menos diez empleos de tiempo completo para trabajadores estadounidenses dentro de los dos años a partir del momento en que es admitido a los Estados Unidos como Residente Permanente Condicional. Bajo ciertas circunstancias, este plazo podría extenderse, si la creación de empleos se realiza dentro de un período razonable después de los dos años de su llegada al país.

Para que cada empleo creado cumpla con el requisito de tiempo completo, el puesto debe ser de un mínimo de treinta y cinco horas por semana.

Los empleados contratados por el inversionista deben ser "calificados". Esto significa que los empleados deben ser ciudadanos o residentes permanentes estadounidenses, u otros inmigrantes autorizados para trabajar en los Estados Unidos.

El empleado puede ser un residente condicional, un asilado, refugiado o una persona que reside en los Estados Unidos en virtud de la suspensión de la deportación. En esta definición no se incluyen el inversionista inmigrante, su cónyuge, hijos, personas no autorizadas para trabajar en los Estados Unidos o cualquier extranjero que tenga estatus de no inmigrante (como el titular de una visa H-1B).

PROGRAMA PILOTO DE CENTROS REGIONALES

Dentro del programa de visas EB-5, se incluye el programa piloto de centros regionales. El programa, establecido en 1992, tiene los mismos requisitos de inversión de $500.000 a $1 millón. Pero ese dinero debe ser invertido en una nueva empresa comercial o negocio con problemas (que ha estado en existencia un mínimo de dos años y haya incurrido pérdidas netas) ubicado dentro de un Centro Regional designado por el Gobierno de los Estados Unidos.

Este programa recibe 3.000 de las 10.000 visas EB-5 disponibles cada año y no requiere la participación diaria del inversionista en las operaciones de la nueva empresa comercial.

La inversión también debe crear al menos diez nuevos empleos directos o indirectos de tiempo completo. Esta es una gran diferencia y ventaja que ofrece el invertir en un proyecto dentro de un Centro Regional designado, porque puede ser más fácil crear diez nuevos empleos de forma "indirecta" que "directa".

Si se puede demostrar que, como resultado de la inversión y las actividades de la nueva empresa, se generaron diez puestos de trabajo indirectamente en la región, se cumple con este requisito clave. Los empleos no tienen que estar relacionados directamente con el proyecto. Por ejemplo, pueden tomarse en cuenta ciertos trabajos de construcción durante las fases de construcción del proyecto. También pueden incluirse trabajos creados por la inversión, que estén situados en el área del Centro Regional.

Hay aproximadamente 251 Centros Regionales designados por el Servicio de Ciudadanía e Inmigración de Estados Unidos (USCIS, por sus siglas en inglés) en todos los Estados Unidos, organizados para promover el crecimiento económico. El objetivo es mejorar la productividad regional, crear empleos y aumentar la inversión de capital a nivel nacional.

Los fondos de inversión pueden ser en efectivo, equipos u otros equivalentes tangibles. Este capital debe provenir de una fuente válida y lícita.

El inversionista y su familia inmediata pueden escoger dónde vivir y trabajar dentro de los Estados Unidos.

RESIDENCIA PERMANENTE CONDICIONAL

La visa EB-5 otorga la residencia permanente en forma condicional por un período de dos años a inversionistas extranjeros y sus familiares inmediatos que cumplan con los requisitos correspondientes. Este período comienza cuando se aprueba el Formulario I-485 o al momento de entrar a los Estados Unidos con una visa EB-5, visa de inmigrante desde el exterior.

El inversionista tendrá que presentar el Formulario I-829, Petición de un Empresario de Eliminación de Condiciones, noventa días antes del segundo aniversario de haber recibido la residencia condicional por medio de una visa EB-5.

El USCIS aprobará la solicitud si los inversionistas han cumplido con todos los requisitos de la visa EB-5 durante los dos años previos. Al aprobarse el Formulario I-829, el inversionista y sus familiares inmediatos podrán vivir y trabajar en los Estados Unidos permanentemente.

CÓMO SOLICITAR LA VISA EB-5

Aquellos inversionistas extranjeros interesados en inmigrar a los Estados Unidos con una de estas visas tendrán que presentar el Formulario I-526, Petición de Inmigrante por Empresario Extranjero. En el formulario deberán demostrar que cumplen con todos los requisitos anteriormente mencionados. A tal efecto, el inversionista deberá presentar la siguiente evidencia junto con la solicitud:

1. Evidencia de que ha establecido una entidad empresarial legal bajo las leyes de la jurisdicción de los Estados Unidos.

2. Si ha realizado una inversión en un negocio ya existente, evidencia de que su inversión ha provocado un aumento de por lo menos 40% en el patrimonio neto de la empresa o en el número de empleados o en ambas cosas.

   Estas pruebas incluyen copias de los artículos de constitución u otros documentos de organización similar; certificados que acrediten autoridad para hacer negocios en un estado o municipio; pruebas de traslado de capital a un negocio existente; acuerdos de inversión, certificados de informes financieros y registros de nómina.

3. Si es aplicable, evidencia de que su empresa se ha establecido en una "zona de incentivo laboral".

4. Evidencia de que ha invertido o está activamente en el proceso de invertir la cantidad requerida en la zona en que se encuentra la empresa.

   Estas pruebas pueden incluir copias de estados de cuenta bancarias, evidencia de activos adquiridos para su uso en la empresa, de dineros transferidos o comprometidos para ser transferidos a la nueva empresa comercial a cambio de acciones, cualquier préstamo o hipoteca, pagaré u otro tipo de préstamos garantizados por los activos del peticionario.

5. Evidencia de que el capital se obtuvo a través de medios legales. La petición deberá ir acompañada de registros de empresas extranjeras, declaraciones de impuestos presentadas en los últimos cinco años dentro o fuera de los Estados Unidos, evidencia de otras fuentes de capital, copias certificadas de cualquier juicio civil o criminal, ya sea activo o cerrado, en contra del peticionario en cualquier tribunal dentro o fuera de los Estados Unidos en los últimos quince años.

6. Evidencia de que la empresa creará por lo menos diez puestos de tiempo completo. Estas pruebas pueden consistir en copias de registros fiscales, Formularios I-9, u otros documentos similares si los empleados han sido contratados, o un plan de negocios que indique cuándo se contratarán los empleados dentro del plazo de dos años.

7. Evidencia de que se dedicará a la gerencia de la empresa. Puede incluir como pruebas de esto una declaración del título de su puesto y una descripción completa de sus funciones; prueba de que es un di-

rector corporativo o forma parte de la junta directiva de la empresa. Si la nueva empresa es una sociedad, deberá comprobar que está directamente involucrado en la gerencia.

Pueden encontrar la lista detallada de documentos que sirven como comprobantes de los requisitos en las instrucciones del Formulario I-526.

TRADUCCIONES Y COPIAS

Todo documento que no esté en inglés debe estar acompañado de una traducción completa y una certificación del traductor que indique que la traducción es completa y correcta. Además, el traductor debe certificar que es competente para traducir el idioma extranjero al inglés.

No envíe documentos originales con cualquier solicitud, a no ser que esté expresamente indicado. Puede enviar copias legibles. Si llega a enviar documentos originales cuando no se pidieron, estos permanecerán dentro de su archivo.

DÓNDE SE DEBE PRESENTAR EL FORMULARIO I-526

Independientemente de la ubicación de la nueva empresa comercial, deberá presentar el Formulario I-526 con todas las pruebas iniciales de que cumple con los requisitos de la visa EB-5 en las instalaciones del USCIS en Dallas (USCIS Dallas Lockbox facility).

Para servicio postal, enviar a la siguiente dirección:

USCIS
P.O. Box 660168
Dallas, TX 75266

Para correo expreso o servicio de mensajería (como FedEx):

USCIS
Attn: I-526
2501 S. State Highway, 121 Business Ste 400
Lewisville, TX 75067

NOTIFICACIÓN ELECTRÓNICA

Puede optar por recibir un correo electrónico y/o un mensaje de texto informándole que su solicitud ha sido aceptada. Deberá llenar el Formulario G-1145, Notificación Electrónica de Aceptación de Petición/Solicitud y adjuntarlo a la primera página de su solicitud.

COSTO DEL FORMULARIO I-526

El USCIS cobra $1.500 por procesar el Formulario I-526. Las tarifas pueden cambiar, así que asegúrese de verificar el monto correcto requerido al momento de enviarlo.

La forma de pago es por cheque o giro postal emitido por un banco u otra institución financiera ubicada dentro de los Estados Unidos y debe pagarse en dólares. El cheque o giro postal debe hacerse pagadero a: U.S. Department of Homeland Security. No deben usarse iniciales; se tiene que incluir el nombre completo.

Si vive fuera de los Estados Unidos, deberá contactar a la embajada o consulado más cercano para obtener instrucciones sobre la forma de pago.

PROCESAMIENTO DEL FORMULARIO

Los formularios que sean presentados de forma incorrecta, que no tengan su firma o no incluyan la tarifa correcta serán rechazados. El formulario y la cuota les serán devueltos con instrucciones de volver a presentar la solicitud completa.

La petición no se considera debidamente presentada hasta ser aceptada por el USCIS. Es posible que tras aceptar el Formulario I-526, el USCIS pida más información o evidencia, o requiera que se presente en persona a una de sus oficinas para una entrevista. También pueden pedir la entrega de documentos originales. Si el USCIS pide documentos originales, se los regresarán una vez que ya no los necesiten.

El USCIS determinará si usted es elegible o no para una visa EB-5 y le notificara su decisión por escrito.

APROBACIÓN DE LA PETICIÓN

Si al presentar toda la evidencia el USCIS determina que usted cumple con los requisitos para estatus de inversionista, la solicitud será aprobada.

Si usted ha solicitado que la petición se envíe a una embajada o consulado de los Estados Unidos en el extranjero, enviará allí la petición a no ser que ese consulado no emita visas de inmigrante.

Si usted está en los Estados Unidos y comunica que va a solicitar un ajuste de estatus, y la evidencia indica que no es elegibles para el ajuste, la petición será enviada a una embajada o consulado estadounidense en el extranjero. Le avisarán por escrito si aprueban la petición, a dónde la enviaron, y la razón por la cual la enviaron a un lugar distinto al solicitado.

QUÉ SIGNIFICA LA APROBACIÓN DE LA PETICIÓN

La aprobación de una solicitud solo demuestra que usted ha comprobado que hizo una inversión que lo califica para el beneficio. Esto no garantiza que una embajada o consulado de los Estados Unidos emita la visa de inmigrante.

Tendrá que cumplir con otros requisitos antes de que le otorguen la visa. La embajada o consulado estadounidense le notificará cuáles son esos requisitos.

Recuerde, la visa EB-5 solo ofrece la residencia permanente condicional por un período de dos años. Al cumplirse ese plazo, tendrá que solicitar la eliminación de las condiciones, demostrando que usted continúa su compromiso de inversión en el país.

7

Lotería de visas

Una de las formas de conseguir la residencia permanente en los Estados Unidos es a través del Programa de Visas de Diversidad. Cada año, el Departamento de Estado de los Estados Unidos hace un sorteo de estas visas. Es por eso que se conoce comúnmente como la lotería de visas. Generalmente, hay 50.000 visas disponibles por año para este programa.

El Programa de Visas de Diversidad cumple con una cláusula de la ley de inmigración, específicamente la sección 203(c) de la Ley de Inmigración y Nacionalidad (INA, por sus siglas en inglés). Según la ley, las visas de diversidad se otorgan a personas de países que tienen un bajo índice de inmigración a los Estados Unidos y que cumplen con ciertos requisitos para ser admisibles al país.

La ley establece que la selección debe ser al azar y justa. Por eso, un programa de computación escoge al azar los nombres de las personas que recibirán las visas de diversidad. Se considera un requisito indispensable que tengan como mínimo una educación secundaria, o dos años de experiencia laboral en los últimos cinco años en una ocupación que haya requerido entrenamiento de por lo menos dos años o práctica profesional.

La persona que se inscribe para el Programa de Visas de Diversidad puede hacerlo desde dentro o fuera de los Estados Unidos.

CÓMO FUNCIONA LA LOTERÍA

El sorteo es generado por medio de un programa de computación, que hace una selección entre las solicitudes elegibles. Las visas se distribuyen entre seis regiones geográficas. Dentro de cada región, ningún país puede recibir más del 7% del número total de las visas disponibles en un solo año.

Las visas se asignan a personas originarias de países que tienen tasas históricamente bajas de inmigración a los Estados Unidos. Las personas originarias de países que han enviado más de 50.000 inmigrantes a los Estados Unidos en los últimos cinco años no son elegibles para aplicar para el Programa de Visas de Diversidad.

El período de inscripción para el sorteo generalmente se realiza durante treinta días —de octubre a noviembre para el año fiscal dos años más tarde. Por ejemplo, en 2012 el período de inscripción fue del 2 de octubre al 3 de noviembre de 2012 para el año fiscal de 2014. El año fiscal 2014 comienza el 1 de octubre de 2013 y termina el 30 de septiembre de 2014.

Para participar en la lotería debe presentarse una solicitud electrónica en el sitio web www.dvlottery.state.gov. Únicamente puede realizarse el trámite durante el período de treinta días estipulado por el Gobierno. La inscripción al programa es gratuita.

QUÉ PAÍSES SON ELEGIBLES PARA PARTICIPAR

No todos los países son elegibles para participar en la lotería de visas. Por ejemplo, para la lotería de visas del año fiscal 2014, Brasil, Colombia, República Dominicana, Ecuador, El Salvador, México y Perú son los países de Latinoamérica que no fueron elegibles porque enviaron a más de 50.000 inmigrantes a los Estados Unidos en los cinco años previos.

Sin embargo, sí fueron elegibles: Argentina, Belice, Bolivia, Chile, Costa Rica, Cuba, Guatemala, Honduras, Nicaragua, Panamá, Paraguay, Uruguay y Venezuela. España también entró dentro de los países elegibles.

La lista de países elegibles puede cambiar cada año, por lo que hay que asegurarse de verificar la elegibilidad de los países en la página web del Departamento de Estado yendo a www.travel.state.gov.

EXCEPCIONES

Para participar en el Programa de Visas de Diversidad, debe ser originario de uno de los países "calificados" y enumerados en la lista generada por el Departamento de Estado de los Estados Unidos. En la mayoría de los casos, ser "originario" significa que la persona nació en un país "calificado".

Sin embargo, hay otras dos maneras de cumplir con los requisitos:

1. Si usted nació en un país cuyas personas no son elegibles para la lotería de visas, pero su cónyuge nació en un país considerado elegible o "calificado", puede reclamar el país de nacimiento de su cónyuge —siempre y cuando tanto usted como su cónyuge estén en la petición seleccionada, se les haya entregado visas y hayan entrado a los Estados Unidos al mismo tiempo.

Por ejemplo, si usted es de México, no cumplió con los requisitos para la lotería de visas del año fiscal 2014. Pero si está casado con una persona de Chile, puede presentar una solicitud de forma conjunta con su cónyuge chileno y así ser elegible.

2. Si usted nació en un país cuyas personas no son elegibles para la lotería de visas, pero ninguno de sus padres nació o residió en ese país en el momento de su nacimiento, puede reclamar ser originario de uno de los países donde hayan nacido sus padres, si es un país que califica para el Programa de Visas de Diversidad.

Por ejemplo, si nació en Colombia no calificó para la lotería de visas del año fiscal 2014. Pero si sus padres nacieron en Venezuela y España, puede optar por reclamar cualquiera de esos dos países que fueron elegibles para el programa DV-2014.

Por lo general, no se considera a una persona como residente de un país si no nació o fue naturalizada legalmente allí o si solo está de visita, estudiando de manera temporal o viviendo temporalmente en el país por razones laborales o empresariales.

QUÉ OCUPACIONES CALIFICAN

Solo ciertas ocupaciones específicas califican para el Programa de Visas de Diversidad. El Gobierno clasifica estas ocupaciones como zonas de trabajo 4 o 5, que requieren considerable capacitación. Además, hay que tener una Formación Profesional Específica (Specific Vocational Preparation o SVP) de un rango de 7.0 o más.

La lista es muy extensa pero, a continuación, les proporciono algunas de las ocupaciones que califican:

Zona de trabajo 4 (requieren menos capacitación): analistas financieros, arquitectos, contadores, directores de arte, diseñadores gráficos, escrito-

res, editores, productores, educadores de salud, gerentes
entrenadores atléticos, científicos espaciales, ingenieros y t
micos, ingenieros civiles, maestros de escuela primaria, a
escolares, trabajadores sociales, diseñadores comerciales
gerentes de sistemas informáticos, programadores de co
rentes de construcción, técnicos forenses, técnicos de lab
pretes y traductores, especialistas y gerentes de relacio
gerentes de ventas.

Zona de trabajo 5 (requieren más capacitación): acupuntu
siólogos, asistentes de anestesiólogos, antropólogos, arque
tectos, astrónomos, bibliotecarios, bioquímicos, biofísic
dentistas, doctores, enfermeras de práctica psiquiátrica, f
nutricionistas, psicólogos, psiquiatras, oculistas, oftalmólo
gos, radiólogos, economistas, historiadores, maestros de a
idiomas de nivel postsecundario, jueces, abogados, sacerd
gos, veterinarios.

Para una lista completa de todas las ocupaciones dentro de
bajo 4 o 5 que el Gobierno ha dictaminado cumplen los requis
grama de lotería de visas, debe ir a la página web del Departam
www.onetonline.org.

El sitio web sólo está disponible en inglés. Una vez allí, sig
pasos:

➤ Haga clic en "Find Occupations".
➤ Busque la sección que dice "Job Zone". Ahí verá una vent
menú desplegable.
➤ Haga clic en la flecha y podrá ver las opciones para zonas
del 1 al 5. En este caso, usted solamente debe concentrars
nas 4 y 5, ya que solo las ocupaciones dentro de estas categ
can para la visa de diversidad.
➤ Escoja su profesión dentro de la lista y haga clic. Se abrirá
página.
➤ Haga clic en "Job Zone" y ahí podrá ver el "SVP Range". Est
indicar 7.0 o más para calificar.

JISITOS PARA PRESENTAR SOLICITUD

:partamento de Estado sólo aceptará formularios completos presentados
'ónicamente por medio de la página web www.dvlottery.state.gov durante
íodo de inscripción.

›lo se puede presentar una solicitud por persona. Si alguien somete múlti-
olicitudes para una misma persona, estas serán descalificadas para el pro-
a.

n embargo, la ley permite que en el caso de un matrimonio, cada uno de
önyuges presente una solicitud si ambos cumplen con los requisitos de
›ilidad. Esto duplica las oportunidades de la pareja, ya que si uno de los
ges es seleccionado, el otro tiene derecho a obtener una visa como "de-
iente derivado".

›ra participar debe presentar el Formulario Electrónico para Inscripción al
·ama de Visas de Diversidad DS-5501 (E-DV), que solo está disponible en
net. Si no se completa el formulario en su totalidad la inscripción quedará
.lificada.

o hay costos para inscribirse al Programa de Visas de Diversidad. Recién
·á que pagar una cuota si es seleccionado para recibir una visa de resi-
:.

s personas que ya presentaron otra petición para una visa de inmigrante
otra categoría también pueden participar y someter una solicitud para el
·ama de Visas Diversidad.

MULARIO DE INSCRIPCIÓN E-DV

rmulario está solamente disponible electrónicamente. Usted puede com-
·lo por sí mismo o contratar a un abogado que lo haga por usted. Si con-
a alguien, asegúrese de que le den una copia de la confirmación de su
tud.

usted va a completar el formulario electrónico, tenga en cuenta que lo
que hacer todo de una vez. El sistema no permite llenar algunas secciones
irdar la información para terminar de completar el formulario en otro
ento.

n embargo, como el formulario tiene dos partes, y tomando en cuenta po-
interrupciones en el servicio de Internet, el sistema del E-DV está dise-
para permitir un lapso de sesenta minutos desde que se baja el formulario

hasta el momento en que el sitio web E-DV recibe la solicitud. Si pasan más de sesenta minutos y el formulario no se recibió electrónicamente, toda la información que había sido ingresada será descartada.

Asegúrese de estar bien preparado y tener toda la información a mano al momento de empezar a llenar la solicitud. El formulario pide que se incluya la siguiente información:

1. Información biográfica.
2. País de elegibilidad para el programa de DV.
3. Fotografías: debe incluir la suya, la de su cónyuge y la de todos sus hijos, si los tiene.
4. Dirección donde recibe correo físico.
5. País de residencia actual.
6. Dirección electrónica.
7. Nivel de educación obtenido.
8. Estado civil.
9. Información del cónyuge: nombre y datos biográficos.
10. Número de niños: debe incluir el nombre, fecha y lugar de nacimiento de su cónyuge y todos sus hijos naturales, adoptivos e hijastros solteros y menores de veintiún años en su solicitud electrónica.

IMPORTANCIA DE INCLUSIÓN DE CÓNYUGE E HIJOS EN LA SOLICITUD

En su solicitud debe incluir a su cónyuge y todos los hijos solteros menores de veintiún años de edad, independientemente de si están o no viviendo con usted o no tienen intención de emigrar a los Estados Unidos.

La excepción a este requisito se da si sus hijos ya son ciudadanos o residentes legales permanentes estadounidenses.

Si no incluye una lista completa de todos los hijos elegibles para la visa, el solicitante principal será descalificado y se le negarán todas las visas (inclusive las de su cónyuge e hijos) al momento de la entrevista.

HIJOS MAYORES DE VEINTIÚN AÑOS

Los hijos mayores de veintiún años no son elegibles para la visa de diversidad. Sin embargo, bajo ciertas circunstancias la ley de los Estados Unidos protege a los hijos de solicitantes que superan la edad de elegibilidad.

Si usted sometió una solicitud para una visa de diversidad antes de que su hijo soltero cumpliera veintiún años, y su hijo cumplió los veintiún años antes de la emisión de la visa, puede quedar protegido por la Ley de Protección del Estatus del Menor (Child Status Protection Act, CSPA) y ser tratado como si fuera menor de veintiún años para fines del procesamiento de la visa. Consulte con un abogado de inmigración para determinar la elegibilidad de su hijo.

MATRIMONIOS DEL MISMO SEXO

La ley de inmigración de los Estados Unidos no reconoce el matrimonio de personas del mismo sexo para la tramitación de visas de inmigrante. Por lo tanto, un cónyuge del mismo sexo no se puede incluir en una solicitud de visa de diversidad.

Sin embargo, si cumple con los requisitos de elegibilidad, puede someter su propia solicitud.

FOTOGRAFÍAS

Es muy importante que envíe todas las fotografías requeridas, de lo contrario su solicitud será rechazada.

Debe enviar de forma electrónica fotos digitales recientes de todos los miembros de su familia inmediata que está incluyendo en la solicitud: cónyuge e hijos solteros menores de veintiún años. Debe incluir fotos de todos sus hijos —ya sean naturales, adoptados o hijastros, aunque no vivan con usted o no tenga intención de que inmigren bajo el Programa de Visas de Diversidad.

Si no incluye todas las fotos requeridas, su solicitud se considerará incompleta y será rechazada. Tendrá que volver a someter la solicitud con todas las fotos requeridas. No tiene que incluir fotos de su cónyuge o hijos que ya sean ciudadanos o residentes legales permanentes de los Estados Unidos.

Las fotos deben ser individuales —debe enviar una para cada miembro de la familia. No se aceptarán fotos de la familia en grupo.

Especificaciones técnicas de fotografías
La fotografía digital debe ajustarse a las siguientes especificaciones o el sistema rechazará automáticamente el formulario de inscripción E-DV:

1. La persona fotografiada debe estar mirando de frente a la cámara sobre un fondo neutro de color claro.

2. La imagen debe ser en color (24 bits por píxel). No se aceptarán fotos en blanco y negro.

3. La foto debe estar en formato JPEG.

4. El tamaño máximo del archivo de la imagen debe ser de 240 kilobytes (240 KB).

5. Las dimensiones mínimas aceptables son de 600 píxeles de ancho por 600 píxeles de alto. Las dimensiones de la imagen deben estar en una proporción de aspecto cuadrado (es decir, la altura debe ser igual al ancho).

CONFIRMACIÓN DE SOLICITUD

Si cumple con todas las instrucciones y requisitos, al someter la solicitud electrónicamente recibirá un número de confirmación. Debe imprimir esta información y guardarla, ya que necesitará ese número para averiguar si fue seleccionado para una visa.

Si no tiene la información de su confirmación, no podrá comprobar el estado de la solicitud de su DV.

CÓMO SE NOTIFICA A LOS "GANADORES" DE LA LOTERÍA

Los ganadores de la lotería recién podrán enterarse si ganaron a partir de la fecha pautada por el Gobierno. La notificación solo se hará por medio de la página web del Departamento de Estado de los Estados Unidos dedicada a la lotería de visas.

Ya no se envían notificaciones por correo. Será su responsabilidad verificar si fue seleccionado. Deberá ingresar al sitio web con el número de confirmación que recibió al completar la solicitud en línea para la lotería de visas.

Tendrá que ir a la sección de verificación de solicitante, "Entrant Status Check" en la página web www.dvlottery.state.gov para enterarse de si fue seleccionado. Allí encontrará las instrucciones sobre cómo proceder con su solicitud y se le notificará la fecha y hora de su entrevista para la visa de inmigrante. Si fue seleccionado, tiene un plazo limitado para hacer el trámite de la solicitud de la visa. Si se pasa del plazo, pierde el derecho a la visa.

Para recibir una visa de diversidad para inmigrar a los Estados Unidos, los participantes en el sorteo deben cumplir con todos los requisitos de elegibilidad bajo la ley de los Estados Unidos. La visa se puede solicitar ya sea dentro o fuera de los Estados Unidos, siempre y cuando cumpla con todos los requisitos de admisión al país. Si está dentro de los Estados Unidos deberá hacer un ajuste de estatus. Vea el capítulo 15, "Ajuste de estatus", para saber cómo realizar el trámite.

¿ME INVESTIGARÁ EL GOBIERNO FEDERAL ANTES DE OTORGARME LA DV?

El Gobierno federal investiga a cada persona que solicita una DV para cerciorarse de que no haya cometido actos que la hagan no admisible a los Estados Unidos. Por ejemplo, si una persona ha sido encontrada culpable de crímenes en el pasado, podrían descalificarla para una DV. En ciertos casos, el Gobierno otorga perdones para ciertos actos indebidos que una persona haya cometido en el pasado.

Ante cualquier duda sobre este tema, por favor consulte con un abogado de inmigración antes de seguir con el trámite.

CUIDADO CON LAS NOTIFICACIONES FRAUDULENTAS

Esté alerta a notificaciones fraudulentas. El deseo de obtener la residencia permanente puede cegar a una persona ansiosa por recibir la buena noticia de que fue seleccionado.

Tenga cuidado. Si recibe algún correo electrónico diciendo que ganó y pidiéndole dinero, lo más seguro es que sea una estafa. No responda a ningún correo electrónico que le pida dinero.

El Departamento de Estado de los Estados Unidos no envía correos electrónicos o cartas para notificar si alguien fue seleccionado para la lotería de visas y menos para pedir dinero. Todas las tarifas para los trámites inmigratorios están claramente definidas en la página web del USCIS o el Departamento de Estado y en las instrucciones de los formularios que se deben presentar.

Los participantes solo recibirán correos electrónicos recordándoles que revisen su estatus en el "DV Entrant Status Check" en la página web de la lotería de visas.

Recuerde, solo pueden saber si fueron seleccionados yendo a la siguiente página web: www.dvlottery.state.gov. Ante cualquier duda, consulte con un abogado de inmigración para que lo asesore debidamente.

QUÉ PASA CON UN CASO SI FALLECE EL GANADOR DE LA LOTERÍA DE VISAS

Lamentablemente, si la persona que se inscribe al Programa de Visas de Diversidad es seleccionada en el sorteo y fallece antes de poder solicitar la visa, el caso queda automáticamente revocado.

El cónyuge e hijos elegibles del seleccionado fallecido ya no tendrán derecho a una visa DV a raíz de esa solicitud.

¿HAY REEMBOLSO DE TARIFAS SI UN SELECCIONADO NO CALIFICA PARA LA VISA?

Las cuotas para los trámites de visas no son reembolsables. Los participantes en el Programa de Visas de Diversidad deben cumplir con todos los requisitos para recibir una visa de inmigrante.

Si un oficial consular determina que el solicitante no cumple con los requisitos para la visa o encuentra que no es elegible para el programa DV, no emitirá la visa y el solicitante perderá todos los gastos pagados.

¿HAY ASISTENCIA FINANCIERA DEL GOBIERNO SI SE OBTIENE UNA VISA?

El Gobierno no provee ningún tipo de asistencia financiera o subsidios para costear viajes, hospedaje o la búsqueda de empleo en los Estados Unidos a personas que obtengan una visa por medio del Programa de Visas de Diversidad. Recuerde que, antes de que le otorguen una visa, el Gobierno de los Estados Unidos requiere que se presente información que compruebe que no será una carga pública en el país.

8

Refugiados y asilo

Existen situaciones bajo las cuales las personas se ven obligadas a huir de sus países por cuestiones de seguridad. El Gobierno de los Estados Unidos reconoce que bajo ciertas circunstancias, debe extenderse protección y amparo a personas cuyas vidas corren peligro si permanecen en su país de origen. Para obtener esta protección, se debe demostrar que la persona ha sufrido persecución o teme que su vida corra peligro debido a su raza, religión, nacionalidad, opiniones políticas o por pertenecer a un grupo social o político.

Si existen las pruebas, el Gobierno federal puede darle a la persona que lo solicita estatus de refugiado o asilado.

REFUGIADOS

Un refugiado es una persona que ha huido de su país de origen porque ha sido víctima de persecución o teme serlo en un futuro debido a su raza, religión, nacionalidad, opinión política o pertenencia a un grupo social particular.

Los Estados Unidos considera refugiadas a las personas que están fuera de sus países, y que no pueden o no están dispuestas a volver allí porque temen daños personales graves. Por lo tanto, estas personas constituyen una "preocupación humanitaria especial".

El Gobierno de los Estados Unidos ofrece protección a estas personas bajo "estatus de refugiado", si cumplen con las condiciones establecidas en la ley de inmigración. Para ser admitidas como refugiadas, las personas no se pueden haber reubicado firmemente en otro país y tienen que ser elegibles para admisión a los Estados Unidos. Solamente se puede solicitar el estatus de refugiado desde fuera de los Estados Unidos.

Según lo estipula la ley, el término "refugiado" no incluye a personas que hayan ordenado, incitado, ayudado o de otra manera participado en la persecución de cualquier persona.

La ley también determina que si una persona fue obligada a interrumpir un embarazo, sometida a la esterilización involuntaria o perseguida por negarse a someterse a este procedimiento o por resistirse a participar en algún programa forzoso de control de población, se considerará que ha sido perseguida por sus opiniones políticas, y por lo tanto contemplada dentro de la definición de refugiado.

Las personas que abandonan su país para buscar una vida más próspera son migrantes económicos y no se consideran refugiados.

PROGRAMA DE ADMISIONES DE REFUGIADOS DE LOS ESTADOS UNIDOS

La ley de inmigración requiere que cada año se realice una evaluación de la situación de los refugiados o situaciones de emergencia que resulten en la necesidad de albergar a refugiados. Esta evaluación incluye determinar si las razones para admitir a un determinado grupo de refugiados se justifica por consideraciones humanitarias, y cuál podría ser la participación de los Estados Unidos en el reasentamiento de los refugiados.

El número de personas que puede participar en el Programa de Admisiones de Refugiados (USRAP, por sus siglas en inglés), y el lugar en el que pueden ser reubicados dentro del país, quedan establecidos mediante un Decreto Presidencial. Cada año, el Gobierno establece prioridades procesales para determinar cuáles de los refugiados del mundo son de preocupación humanitaria especial para los Estados Unidos.

Actualmente, esas prioridades se categorizan de la siguiente manera:

> **Prioridad 1:** Casos que se identifican y se derivan al programa por parte del Alto Comisionado de las Naciones Unidas para los Refugiados (ACNUR), la embajada de los Estados Unidos o una organización no gubernamental (ONG).

> **Prioridad 2:** Grupos de "preocupación humanitaria especial" identificados por el programa de refugiados de los Estados Unidos.

> **Prioridad 3:** Casos de reunificación familiar (cónyuges, hijos solteros menores de veintiún años o padres de personas legalmente admitidas

a los Estados Unidos como refugiados o asilados, residentes permanentes o ciudadanos de los Estados Unidos que anteriormente tenían estatus de refugiado o asilo).

EN QUÉ CONSISTE EL TRÁMITE DE REFUGIADOS

Para ser considerado refugiado, su caso tiene que estar contemplado dentro de una de las tres categorías de prioridades antes mencionadas. Además, debe recibir una recomendación del ACNUR, la embajada de los Estados Unidos o ciertas ONGs para ser admitido al Programa de Admisiones de Refugiados de los Estados Unidos.

Algunos refugiados pueden iniciar el proceso de solicitud con el Gobierno de los Estados Unidos sin una referencia del ACNUR u otra entidad. Esto incluye a parientes cercanos de refugiados ya reasentados en los Estados Unidos y refugiados que pertenecen a grupos específicos establecidos en el estatuto o identificados por el Departamento de Estado de los Estados Unidos como elegibles para un acceso directo al programa.

Una vez que reciba la recomendación, lo ayudarán a completar su solicitud y luego un funcionario del Servicio de Ciudadanía e Inmigración de los Estados Unidos (USCIS, por sus siglas en inglés) lo entrevistará en el extranjero para determinar si es elegible para ser reubicado como refugiado.

Su caso puede incluir a su cónyuge, sus hijos solteros menores de veintiún años y, bajo ciertas circunstancias, a otros miembros de su familia.

No se cobran cuotas por someter la solicitud de estatus de refugiado. La información que usted provea no será divulgada a las autoridades de su país de origen.

¿SE PUEDE APELAR SI EL USCIS NIEGA UNA SOLICITUD DE ESTATUS DE REFUGIADO?

No se puede apelar la denegación de una solicitud de estatus de refugiado. Sin embargo, el USCIS tiene la autoridad y la discreción para revisar un caso si recibe a tiempo una Petición de Revisión (Request for Review o RFR) por parte del solicitante.

El USCIS generalmente acepta sólo una petición de revisión, la cual debe recibir dentro de los primeros noventa días de la fecha que aparece en la notificación de denegación. La Petición de Revisión debe incluir una explicación detallada de algún error significativo cometido por parte de un oficial de adjudicación, o presentar nueva información que justifique la razón por la cual se debería reconsiderar la decisión.

INGRESO A LOS ESTADOS UNIDOS

Si el USCIS aprueba su solicitud para estatus de refugiado, antes de ingresar al país le harán un examen médico. También le darán una orientación cultural, lo ayudarán con sus planes de viaje y le darán un préstamo para que pueda pagar su viaje a los Estados Unidos.

Una vez que llegue al país, será elegible para recibir asistencia médica y financiera. La Oficina de Reubicación de Refugiados (Office of Refugee Resettlement) del Departamento de Salud y Servicios Humanos de los Estados Unidos lo ayudará a identificar y entender cuáles son los beneficios disponibles para los refugiados.

CÓMO TRAER A SU FAMILIA SI YA ESTÁ REFUGIADO EN LOS ESTADOS UNIDOS

Las personas que están viviendo en los Estados Unidos bajo estatus de refugiado pueden traer a los miembros de su familia que están en el extranjero tramitando el Formulario I-730, Petición de Familiar Refugiado/Asilado para sus cónyuges o hijos no casados menores de veintiún años. Se debe presentar la petición dentro de los dos años del día en que el asilado ingresó a los Estados Unidos, a no ser que haya razones humanitarias que excusen esa fecha límite.

De encontrarse en esta situación, es posible que también sea elegible para tramitar una Declaración Jurada de Parentesco (Affidavit of Relationship) para su cónyuge, sus hijos solteros menores de veintiún años o sus padres. La Declaración Jurada de Parentesco es el formulario que se utiliza para la reunificación de refugiados y asilados con su familia inmediata, que se ha determinado son refugiados pero están fuera de los Estados Unidos. En esta declaración jurada se registra información sobre el parentesco familiar. Este es un documento indispensable para iniciar el proceso de la solicitud de familiares elegibles para ingresar a los Estados Unidos como refugiados por medio del Programa de Admisiones de Refugiados de los Estados Unidos.

¿PUEDE TRABAJAR LEGALMENTE EN LOS ESTADOS UNIDOS UN REFUGIADO?

Las personas con estatus de refugiado están autorizadas a trabajar legalmente a partir del momento que llegan a los Estados Unidos.

Cuando entran al país, recibirán el Formulario I-94, Registro de Entrada y Salida, con un sello de admisión como refugiado. Además, en su punto de entrada a los Estados Unidos, las autoridades le tramitarán el Formulario I-765, Solicitud de autorización de empleo (Application for Employment Authorization), para que pueda recibir su permiso de trabajo.

Mientras espera que le llegue su Documento de Autorización de Empleo (EAD, por sus siglas en inglés), puede presentar su Formulario I-94 a un empleador como comprobante de que tiene permiso para trabajar legalmente en los Estados Unidos.

CÓMO TRAMITAR LA RESIDENCIA PERMANENTE

Si se es admitido como refugiado, tiene que solicitar la residencia permanente un año después de llegar a los Estados Unidos. Tras ser aprobado, recibirá una tarjeta de residencia permanente o tarjeta verde, el documento que comprueba que puede vivir y trabajar legalmente en el país.

Para solicitar la residencia permanente tendrá que presentar el Formulario I-485, Solicitud de registro de residencia permanente o ajuste de estatus. Las personas con estatus de refugiado no tienen que pagar la cuota para tramitar el Formulario I-485, pero sí tienen que pagar la tarifa para hacer el trámite de las huellas digitales.

Para ser elegible para la residencia permanente, debe haber estado físicamente presente en los Estados Unidos por lo menos un año después de ser admitido como refugiado y no le pueden haber cancelado su admisión como refugiado.

Para más detalles sobre el trámite, vea el capítulo 15, "Ajuste de estatus".

ASILO

El estatus de asilo es muy similar al estatus de refugiado. De hecho, las personas que solicitan el estatus de asilo deben estar contempladas bajo la definición de refugiado: han huido de su país de origen en busca de protección porque han sido víctimas de persecución, o temen serlo en un futuro debido a su raza, religión, nacionalidad, opinión política o pertenencia a un grupo social particular.

La gran diferencia es que una persona puede pedir protección —por medio del asilo— estando dentro de los Estados Unidos. En el caso de los refugiados, tiene que hacerlo fuera del país.

La persona elegible puede pedir asilo en un puerto de entrada o estando ya en los Estados Unidos, sin importar su país de origen o su estatus de inmigración al momento de hacerlo. Si es elegible para el asilo, podrá permanecer en los Estados Unidos.

Para solicitar asilo, tiene que presentar el Formulario I-589, Solicitud de asilo y exención de expulsión, dentro del primer año de su llegada a los Estados Unidos. No tendrá que pagar una tarifa para solicitar asilo.

Puede incluir en su solicitud a su cónyuge e hijos solteros menores de veintiún años que estén en los Estados Unidos al momento de presentarla o en cualquier otro momento antes de que se tome una decisión final sobre su caso.

CÓMO SE PUEDE PEDIR ASILO

Existen dos maneras para solicitar asilo en los Estados Unidos, que marcarán la clasificación del asilado. El asilo se puede tramitar por medio de un proceso afirmativo o de un proceso defensivo. El proceso afirmativo se solicita inicialmente a través del USCIS. El proceso defensivo se solicita inicialmente a través de la corte de inmigración.

PROCESO DE ASILO AFIRMATIVO

Las personas que cumplen con la definición de refugiado, pero están actualmente dentro de los Estados Unidos, son elegibles para solicitar asilo. Si la persona solicita asilo directamente al USCIS, entonces estará realizando el proceso de asilo afirmativo.

Para obtener asilo por medio del proceso afirmativo, el solicitante debe estar físicamente presente en los Estados Unidos y no puede estar en proceso de deportación. La persona puede presentar una solicitud independientemente de cómo entró al país o cuál sea su estatus inmigratorio.

Deberá presentar, por cuenta propia, la solicitud al USCIS dentro del año a partir de la fecha de su última entrada a los Estados Unidos. Este plazo podría extenderse por dos razones: si puede demostrar que cambiaron las circunstancias que pueden afectar su elegibilidad para el asilo; si hay una justificación para el retraso en la presentación de la petición de asilo debido a razones extraordinarias. Dadas esas circunstancias, tendrá que demostrar que usted presentó su solicitud de asilo dentro de un plazo razonable.

El proceso tiene siete pasos:

1. Llegada a los Estados Unidos.
2. Solicitud de asilo usando el Formulario I-589, Solicitud de asilo y exención de expulsión.
3. Revisión de antecedentes y toma de huellas digitales.
4. Notificación de entrevista.
5. Entrevista.
6. Determinación por parte del oficial de asilo acerca de la elegibilidad del solicitante y toma de decisión sobre caso de asilo.
7. Notificación del USCIS al solicitante acerca de su decisión.

Una vez que llega a los Estados Unidos, debe solicitar asilo afirmativo enviándole al USCIS el Formulario I-589, Solicitud de asilo y exención de expulsión.

Cuando el USCIS haya recibido la solicitud, le enviarán dos notificaciones:

1. Aviso de que recibieron su solicitud.
2. Notificación de que debe ir a un Centro de Asistencia de Solicitudes para que le tomen las huellas digitales. (Como solicitante de asilo, no tendrá que pagar una cuota para el trámite de las huellas).

Posteriormente, le enviarán una notificación marcando la fecha, hora y lugar en que tendrá una cita con un oficial de asilo. Generalmente, recibirá la notificación para la entrevista dentro de los veintiún días después de haber enviado el Formulario I-589 al USCIS. En la mayoría de los casos, la entrevista se realiza dentro de los cuarenta y tres días después de que el USCIS recibe su petición.

El USICS permite que traiga un abogado o un representante acreditado por el Gobierno federal a la entrevista. Los casos de asilo son difíciles de probar, por lo tanto recomiendo que consulte con un abogado y que tenga representación legal durante este proceso.

Si tiene un cónyuge o hijos que buscan beneficios derivados de su caso de asilo, llévelos a su entrevista. Si no puede realizar la entrevista en inglés, debe traer un intérprete que no sea un familiar suyo y que esté capacitado para interpretar. La entrevista dura aproximadamente una hora, aunque el tiempo puede variar dependiendo del caso.

Cada caso es asignado a un oficial de asilo que determinará si usted es elegible para solicitar asilo. Un supervisor revisará la decisión del oficial de asilo para asegurarse de que cumple con la ley. Dependiendo del caso, el supervisor puede considerar necesario enviar la decisión a la sede central para una revisión adicional.

El USCIS evaluará si aprobará o rechazará su solicitud de asilo o si lo remitirá a la corte de inmigración en donde continuará el proceso de adjudicación de asilo.

DECISIÓN SOBRE LA PETICIÓN DE ASILO AFIRMATIVO

En la mayoría de los casos, usted tendrá que regresar a la oficina de asilo aproximadamente dos semanas después de su entrevista para retirar la notificación escrita de la decisión de su caso.

Por lo general, recibirá una decisión sobre su caso dentro de los sesenta días de haber presentado una petición de asilo. Sin embargo, el proceso puede tomar más tiempo, dependiendo de sus circunstancias. De ser así, le enviarán la decisión escrita por correo.

¿QUÉ PASA SI NO APRUEBAN SU CASO DE ASILO AFIRMATIVO?

Si no aprueban su caso y usted no tiene un estatus migratorio legal, el USCIS le enviará un Formulario I-862, Notificación de Comparecencia (Notice to Appear). Este aviso le indicará que tiene que presentarse ante un juez de inmigración, y que este continuará la evaluación de su caso.

El Juez de Inmigración de la Oficina Ejecutiva de Revisión de Casos de Inmigración (EOIR, por sus siglas en inglés) revisará la solicitud y todos los documentos que presentó para validar su caso de asilo y realizará una nueva audiencia. Este juez emitirá una decisión independiente a la decisión tomada por el USCIS.

Es posible que el juez le pregunte al solicitante si tiene más información que quiera añadir a su petición de asilo. El proceso puede llegar a tomar años, dependiendo del número de audiencias y apelaciones, si es que el juez deniega la petición de asilo. Mientras su caso esté pendiente, usted será considerado un solicitante de asilo y puede permanecer legalmente en los Estados Unidos.

PROCESO DE ASILO DEFENSIVO

Cuando una persona está en proceso de deportación o remoción, puede presentar una solicitud de asilo defensivo como una defensa contra la expulsión de los Estados Unidos en la corte de inmigración. Pero tenga en cuenta que para usar esta defensa debe tener un caso verdadero de asilo.

El Gobierno federal de los Estados Unidos castiga de forma severa a las personas que presentan solicitudes frívolas de asilo. Una solicitud es frívola si cualquiera de los elementos materiales de la solicitud son falsos o fraudulentos.

Generalmente, una persona llega a un proceso de asilo defensivo de las siguientes maneras:

> ➤ El USCIS determina que, al finalizar el proceso de asilo afirmativo, una persona no es elegible para asilo y refiere al solicitante a un juez de inmigración para evaluar el caso en la corte.
> ➤ La persona está en proceso de deportación porque fue aprehendida en un puerto de entrada o dentro de los Estados Unidos sin la debida documentación legal o en violación de su estatus migratorio.
> ➤ La persona está en proceso de remoción acelerada porque fue capturada por la Oficina de Aduanas y Protección Fronteriza de los Estados Unidos (CBP, por sus siglas en inglés) tratando de entrar al país sin los debidos documentos, pero un oficial de asilo determinó que la persona expresó un temor creíble de ser víctima de persecución o tortura si regresa a su país.

Antes de tomar una decisión, el juez de inmigración escuchará los argumentos del solicitante y del Gobierno de los Estados Unidos, que está representado por un abogado del Servicio de Inmigración y Control de Aduanas (ICE, por sus siglas en inglés) durante audiencias en la corte. El juez de inmigración decide si la persona es elegible para el asilo. Si el juez determina que la persona reúne los requisitos, ordenará que se le conceda asilo.

Si el solicitante no es elegible para asilo, el juez determinará si existe alguna otra vía bajo la cual la persona puede evitar ser deportada. Si no es elegible para otros beneficios migratorios que le permitan quedarse en los Estados Unidos, el juez de inmigración ordenará que la persona sea removida del país.

La decisión del juez de inmigración puede ser apelada por el solicitante de asilo o el abogado del Gobierno.

MOTIVOS PARA DENEGAR ASILO

Hay muchos motivos por los cuales las autoridades de los Estados Unidos le pueden negar asilo a una persona. Los oficiales de asilo evalúan detenidamente la documentación del solicitante y verifican sus antecedentes antes de tomar una decisión sobre un caso.

Si al realizar esa evaluación encuentran evidencia de lo siguiente, rechazarán su solicitud de asilo: ha participado en la persecución de cualquier persona por razón de raza, religión, nacionalidad, opinión, pertenencia a un determinado grupo social o político; ha sido condenado por un delito particularmente grave de tal manera que usted es un peligro para la seguridad de los Estados Unidos; ha cometido un delito grave no político; se descubre que estaba firmemente radicado en otro país antes de llegar a los Estados Unidos.

También se lo considerará inadmisible al país y se le prohibirá recibir asilo si ha participado en actividades terroristas o, en los últimos cinco años, usted ha sido cónyuge o hijo de una persona no admisible por cualquiera de los motivos anteriores.

ASILO PARA MENORES DE EDAD

Los menores de edad, o menores que no tengan padres o tutores, que han entrado al país pueden solicitar asilo por su propia cuenta.

Se puede solicitar el asilo como un menor de edad si tiene menos de dieciocho años y desea tener su propio caso, separado del de sus padres o cónyuge. Se puede solicitar el asilo como un "menor no acompañado" (*unaccompanied minor*), bajo las siguientes circunstancias:

➤ Es menor de dieciocho años de edad.
➤ No tiene padre o tutor legal en los Estados Unidos que lo pueda cuidar o que tenga su custodia.
➤ Fue separado de sus padres o tutores legales.
➤ Ingresó a los Estados Unidos con un padre o tutor adulto, pero abandonó su cuidado.
➤ Su padre ha fallecido y no hay arreglo que dictamine su tutela legal.

Los oficiales de asilo decidirán el caso si el menor está en procedimientos judiciales de inmigración o su solicitud se presentó ante una oficina de asilo. El menor deberá asistir a las audiencias judiciales de inmigración y seguir las instrucciones del juez de inmigración.

CÓMO SE REALIZA EL PROCESO DE ENTREVISTA PARA MENORES

Las entrevistas de menores son realizadas por oficiales de asilo, tomando en cuenta la edad, destrezas de idioma, historial y madurez del menor. Cuando un solicitante es menor de edad, los oficiales de asilo querrán saber si el menor tiene algún padre o tutor legal y si la persona que tiene su tutela le permitió solicitar asilo.

Si el funcionario considera que necesita más información sobre el padre o tutor, puede retrasar su caso. Es posible que trate de entrevistar a sus padres o a un adulto de confianza que pueda proveer información que el menor no puede proporcionar. Sin embargo, no se requiere que un testigo o un adulto de confianza esté presente en la entrevista del menor.

SERVICIO SELECTIVO

Con pocas excepciones, la ley de los Estados Unidos requiere que todo varón entre las edades de dieciocho y veinticinco años, que vive en los Estados Unidos, se inscriba en el Sistema de Servicio Selectivo (Selective Service System). La misión principal de este programa es proveer el número de hombres que necesiten las Fuerzas Armadas, dentro del tiempo requerido por la ley, si el Congreso y el presidente deciden restablecer el reclutamiento militar, en caso de una emergencia nacional.

Si un refugiado o asilado no se inscribe en el servicio selectivo cuando debía hacerlo, esto podría afectar su capacidad de convertirse en un ciudadano u obtener otros beneficios en los Estados Unidos.

CÓMO TRAER SU FAMILIA A LOS ESTADOS UNIDOS

Si le aprueban su caso de asilo, usted podrá reclamar a su cónyuge y a sus hijos solteros menores de veintiún años que aún no están en los Estados Unidos para que ingresen al país presentando el Formulario I-730, Petición de Familiar Refugiado/Asilado.

Debe presentar esta petición dentro del plazo de dos años a partir de la fecha en que se le concedió asilo, a no ser que existan razones humanitarias que justifiquen pasarse de este plazo. No hay que pagar una tarifa para presentar esta petición.

¿SI ES ASILADO, PUEDE TRABAJAR LEGALMENTE EN LOS ESTADOS UNIDOS?

No se puede solicitar un permiso de trabajo al mismo tiempo que se solicita asilo en los Estados Unidos.

Recién se puede solicitar una autorización de empleo si pasaron 150 días desde que presentó una solicitud de asilo y aún no se ha tomado una decisión sobre su solicitud. Si por algún motivo usted ha provocado alguna demora en el proceso de la solicitud (como por ejemplo pedir un cambio de fecha para su entrevista), se le agregará ese tiempo al plazo de los 150 días.

Si demuestra que tiene una solicitud de asilo en trámite y se cumple el plazo de espera para pedir un permiso de trabajo, por lo general, le entregarán un Documento de Autorización de Empleo (EAD, por sus siglas en inglés). Con ese documento podrá trabajar legalmente mientras espera que tomen una decisión sobre su petición de asilo. Si le conceden asilo, y usted anteriormente no había solicitado un EAD, automáticamente obtiene autorización para trabajar inmediatamente.

La carta de aprobación de asilo basta como comprobante para trabajar legalmente en el país. Sin embargo, algunos asilados prefieren tener el EAD como un documento de identificación y por conveniencia, para evitar problemas con algunos empleadores que desconocen la validez de la carta de asilo como documento.

Si un asilado quiere solicitar el EAD, debe presentar el Formulario I-765, Solicitud de autorización de empleo. Si usted tiene una solicitud de asilo pendiente o ya le han concedido asilo, no tendrá que pagar una tarifa para solicitar su primer permiso de trabajo.

CÓMO SOLICITAR LA RESIDENCIA PERMANENTE

Las personas asiladas pueden solicitar la residencia permanente un año después de habérseles concedido asilo.

Deberán presentar el Formulario I-485, Solicitud de registro de residencia permanente o ajuste de estatus. Tendrán que presentar por separado un Formulario I-485 para cada miembro de su familia inmediata que recibió asilo derivado de su caso.

Para más detalles sobre el trámite, vea el capítulo 15, "Ajuste de estatus".

9

Opciones migratorias para víctimas de crímenes

Desafortunadamente, existen instancias en las que los inmigrantes indocumentados, que a menudo están en una situación vulnerable, son el blanco de criminales. A menudo, el temor de ser deportados hace que víctimas de delitos graves no denuncien el crimen a la policía. Las víctimas de crímenes no deben tener miedo de reportarlos. La ley de los Estados Unidos establece varias protecciones legales para inmigrantes indocumentados que han sido víctimas de un delito.

El Servicio de Ciudadanía e Inmigración de los Estados Unidos (USCIS, por sus siglas en inglés), también reconoce estos peligros y ha implementado los siguientes programas que ofrecen alivio inmigratorio para proteger a víctimas de delitos graves:

> ➤ VAWA
> ➤ Visa T
> ➤ Visa U

VAWA

VAWA son las siglas en inglés de la Ley sobre Violencia Contra la Mujer (Violence Against Women Act). El objetivo de la ley, cuando fue creada en 1994, fue ofrecer mayor protección a mujeres víctimas de violencia doméstica, violencia sexual, asalto sexual y acoso, y mejorar la respuesta de la justicia penal a este tipo de casos.

Las víctimas de este tipo de abusos generalmente tienen miedo de denunciar a sus agresores a la policía, especialmente si son sus cónyuges o parejas. Este temor es aún más grande en casos de mujeres inmigrantes indocumentadas, que a veces son amenazadas con que serán reportadas a inmigración para ser deportadas.

La VAWA les permite a inmigrantes maltratadas presentar una autopetición para solicitar el estatus legal en los Estados Unidos. De esta manera, no dependen de cónyuges, padres o hijos ciudadanos o residentes permanentes que estén abusando de ellas para patrocinar su solicitud de residencia permanente. El poder presentar una autopetición le da a la víctima del maltrato seguridad e independencia ya que su abusador no será notificado de que ha solicitado beneficios de inmigración bajo la VAWA.

Quiénes son elegibles para la VAWA

Esta ley no solo protege a mujeres, sino que también ampara a hombres y a niños maltratados por cónyuges, padres o hijos que son ciudadanos o residentes permanentes.

Las siguientes personas pueden presentar una solicitud de visa de inmigrante:

> Cónyuges: si usted está siendo o fue abusado por un ciudadano o residente permanente estadounidense, puede presentar su propia solicitud. En su petición puede incluir a sus hijos solteros menores de veintiún años de edad si ellos aún no han presentado su propia solicitud.

> Padres: el padre o madre de un niño que ha sido abusado por su cónyuge ciudadano o residente permanente estadounidense puede presentar su propia solicitud. En la petición puede incluir a sus hijos, incluyendo los que no han sido abusados, si es que ellos no han presentado una solicitud por su propia cuenta y son menores de veintiún años.

> Si usted es el padre de un ciudadano estadounidense que ha abusado de usted, también puede presentar su propia solicitud.

> Hijos: si es un hijo soltero menor de veintiún años que ha sido abusado por uno de sus padres que es ciudadano o residente permanente, puede presentar su propia solicitud e incluir a sus hijos en su petición.

> Incluso si es mayor de veintiún años, puede presentar su propia solicitud como un menor. Debe hacerlo antes de cumplir los veinticinco años y demostrar que el abuso fue la razón principal por la que se demoró en presentar la solicitud.

Autopetición para cónyuge o hijo abusado o maltratado

Las personas que están casadas con ciudadanos o residentes legales permanentes de los Estados Unidos, o los hijos de estos, que hayan sido abusados o maltratados, pueden presentar una petición bajo la clasificación de familiar inmediato, o patrocinio familiar, por su propia cuenta bajo las siguientes circunstancias:

1. Es el cónyuge o hijo de un ciudadano o residente legal permanente de los Estados Unidos que es abusivo.
2. Es elegible para la clasificación de inmigrante basado en esa relación.
3. Actualmente reside o ha residido anteriormente en los Estados Unidos con el ciudadano o residente permanente que ha abusado de usted.
4. Ha sido maltratado o ha sido objeto de extrema crueldad perpetrada por su cónyuge ciudadano o residente permanente durante el matrimonio, o es el padre de un niño que ha sido maltratado o ha sido objeto de extrema crueldad por parte de su cónyuge ciudadano o residente permanente abusivo durante el matrimonio.
5. Ha sido maltratado o ha sido objeto de extrema crueldad perpetrada por su padre ciudadano o residente permanente mientras vivía con su padre.
6. Es una persona de buen carácter moral.
7. Es una persona cuya expulsión o deportación resultaría en dificultades extremas para usted o para su hijo si usted es el cónyuge del ciudadano o residente abusivo.
8. Es un cónyuge, que se casó de buena fe con el ciudadano o residente permanente estadounidense abusivo.

Si usted se divorcia o se separa legalmente de su agresor después de haber presentado una autopetición al USCIS, no significa que le negarían o revocarían una autopetición aprobada.

Una vez que el USCIS aprueba la autopetición, puede volver a casarse sin que afecte su elegibilidad para convertirse en un residente permanente. Casarse nuevamente con otra persona no es motivo de revocación de una autopetición aprobada.

Autopetición para un padre abusado o maltratado

Solamente los padres de ciudadanos estadounidenses son elegibles para presentar una solicitud bajo la VAWA. Deberán cumplir con los siguientes requisitos para ser elegibles:

> ➤ Ser padre de un ciudadano estadounidense o de un ciudadano estadounidense que perdió o renunció a su estatus de ciudadano por un incidente relacionado con la violencia doméstica o que falleció dos años antes de que el padre presente su solicitud.
> ➤ Haber sido abusado por un hijo ciudadano estadounidense.
> ➤ Haber residido con un hijo abusivo.
> ➤ Ser una persona de buena moral.

En el caso de padres abusados por sus hijos que no sean ciudadanos estadounidenses, es posible que sean elegibles para una visa U. Ver sección sobre visa U en la página 88 para más detalles.

Pruebas de elegibilidad

Para que su autopetición prospere, debe incluir evidencia creíble que demuestre su elegibilidad. El USCIS determina qué evidencia es creíble y la importancia que le asignará a esa evidencia. Se recomienda presentar la siguiente documentación:

1. Evidencia de la ciudadanía estadounidense o estatus de residente legal permanente del abusador.
2. Certificados de matrimonio y divorcio, actas de nacimiento u otra evidencia de su relación legal con el abusador.
3. Documentos que demuestren que, en el pasado, usted y el abusador han vivido juntos en los Estados Unidos. Algunos ejemplos de estos documentos son: registros de empleo, recibos de servicios públicos (como luz, teléfono, etc.), registros escolares, registros médicos, actas de nacimiento de sus hijos, hipotecas, registros de alquiler, pólizas de seguros o declaraciones juradas.
4. Documentos que demuestren que usted ahora está residiendo en los Estados Unidos, tales como los documentos mencionados anteriormente.
5. Evidencia del abuso, tal como informes policiales y judiciales, declaraciones de personal médico, funcionarios escolares, funcionarios religiosos y trabajadores sociales. Si usted tiene una orden de

protección, o ha tomado otras medidas legales para ponerle fin al abuso, debe presentar copias de los documentos de la corte.

6. Si es mayor de catorce años, debe incluir su declaración jurada de buen carácter moral. Esta debe estar acompañada por una autorización de la policía local, un informe de verificación de antecedentes penales o un informe similar de cada sitio en los Estados Unidos o en el extranjero donde haya vivido durante seis meses o más durante un período de tres años inmediatamente anteriores a la presentación de su autopetición.

7. Declaraciones juradas, actas de nacimiento de los niños, informes médicos y otras pruebas pertinentes creíbles que demuestren la dificultad extrema que le ocasionaría ser removido o deportado.

8. Si usted es un cónyuge, deberá presentar pruebas de que figura como esposo del otro cónyuge en pólizas de seguros, contratos de arrendamiento de propiedad, formularios de impuestos o cuentas bancarias. Además deberá incluir testimonios u otras pruebas con respecto a su noviazgo, a su boda, a que vivieron juntos y a otras experiencias que muestran que su matrimonio fue válido y realizado de buena fe (o sea, que no fue un matrimonio para adquirir beneficios inmigratorios).

El cónyuge o hijo abusado o maltratado que presenta una autopetición puede entregar cualquier otra evidencia relevante creíble en lugar de la evidencia sugerida.

Cómo solicitar la residencia permanente por medio de la VAWA

Si es elegible para solicitar la residencia permanente por medio de la VAWA, la víctima deberá presentar el Formulario I-360, Petición de Inmigrante Especial. Por favor ver el capítulo 5, "Inmigrantes especiales", para instrucciones sobre cómo completar este formulario.

Línea de ayuda para víctimas de violencia doméstica

Si usted es víctima de violencia doméstica, puede obtener información sobre dónde acudir y los recursos que están a su disposición, incluyendo organizaciones que ofrecen asistencia legal, llamando a la Línea Nacional sobre Violencia Doméstica (National Domestic Violence Hotline) al 1-800-799-7233. Las personas que tienen problemas auditivos o son sordas, pueden marcar al servicio telefónico de texto TTY 1-800-787-3224.

La línea de ayuda está disponible las veinticuatro horas del día, los siete días de la semana, sin costo desde cualquier parte de los Estados Unidos y Puerto Rico. El personal y los voluntarios que atienden la línea hablan español.

VISA T

La trata o tráfico de personas es el comercio ilegal de personas para la explotación sexual o laboral mediante prostitución o trabajos forzados, servidumbre involuntaria o cualquier forma moderna de esclavitud. Es un serio problema con millones de víctimas alrededor del mundo, miles de ellas en los Estados Unidos.

Los traficantes seducen y engañan a personas que desean inmigrar a los Estados Unidos, con falsas promesas de empleo y de una vida mejor, pero terminan en el cautiverio de los traficantes. Las víctimas pueden ser hombres, mujeres, adultos o niños, extranjeros o ciudadanos estadounidenses.

Los inmigrantes indocumentados son particularmente vulnerables por la falta de estatus legal, barrera del idioma, pocas opciones de empleo, aislamiento social, pobreza y deudas relacionadas con su inmigración al país. A menudo, son victimizados por traficantes de su mismo origen.

Por ejemplo, en 2011 condenaron a casi cuatro años de prisión al mexicano Simón Banda-Mireles por tráfico humano y explotación comercial de personas. El hombre había traído ilegalmente a mexicanos a los Estados Unidos y, como eran indocumentados, los obligaba a trabajar por una miseria amenazando con denunciarlos a las autoridades si se quejaban o no cumplían sus órdenes.

Para proteger y defender a personas que son victimizadas de esta manera, en el año 2000 el Congreso de los Estados Unidos creó la Ley de Protección de Víctimas de la Trata (VTVPA, por sus siglas en inglés).

La VTVPA complementa las leyes existentes que se aplican a la trata de personas, incluyendo aquellas que hacen cumplir la Decimotercera Enmienda de la Constitución de los Estados Unidos que prohíbe la esclavitud y la servidumbre involuntaria. La VTVPA también establece recursos para combatir la trata de personas y ofrece una gama de servicios y protecciones para las víctimas.

El número de visas de no inmigrante T, que se describen a continuación, es limitado. Solo se otorgan 5.000 por año. Esto no se aplica para visas de familiares derivados. Una vez que se alcanza el límite, los solicitantes que han sido aprobados son puestos en una lista de espera y se les dará prioridad para las visas del año siguiente.

¿Quién es elegible para una visa T?

Los inmigrantes que hayan sido víctimas de la trata de personas en los Estados Unidos pueden ser elegibles para una visa T, que les permite permanecer en el país para ayudar en la investigación o proceso penal del traficante. Esta visa también podría otorgarles beneficios inmigratorios a ciertos familiares inmediatos de las víctimas, aunque estén fuera del país.

Por lo general, para que una persona sea elegible para una visa T debe demostrar lo siguiente:

➤ Es o ha sido víctima de trata de personas.
➤ Está en los Estados Unidos, sus territorios o un puerto de entrada por ser una víctima de trata de personas.
➤ Ha ayudado en la investigación o proceso penal del traficante.
➤ Sufriría extremo perjuicio si la obligan a salir del país.
➤ Es admisible como inmigrante o puede obtener una exención de inelegibilidad (ver capítulo 13, "Exención de inelegibilidad").

Si la persona era menor de dieciocho años cuando fue victimizada, o es incapaz de cooperar con las autoridades debido a un trauma físico o psicológico, puede calificar para la visa de no inmigrante T sin tener que asistir en la investigación o el juicio.

Para determinar si es elegible para la visa T, consulte con un abogado de inmigración.

Si usted es víctima de este crimen debe pedir ayuda a la policía. Además, el Centro Nacional de Recursos de la Trata de Personas puede darle nombres de organizaciones que ofrecen ayuda y refugio, llamando a su línea gratuita 1-888-3737-888.

Cómo solicitar la visa T

Si es elegible para solicitar una visa T, la víctima deberá presentar el Formulario I-914, Solicitud de estatus de no inmigrante T.

El Formulario I-914 pide que incluya información que compruebe su elegibilidad para el estatus de no inmigrante T, así como su admisibilidad a los Estados Unidos. Tiene que incluir una declaración en sus propias palabras que describa cómo fue victimizado. También puede enviar pruebas secundarias que ayuden a reforzar su declaración, como informes policiales, documentos judiciales, declaraciones juradas y artículos de prensa.

La víctima debe llenar el formulario, donde puede incluir los nombres de los miembros de la familia que califican para obtener el beneficio inmigratorio derivado de la visa.

No hay que pagar una cuota para presentar el Formulario I-914. Tampoco tendrá que pagar por procesar sus huellas digitales.

Dónde debe enviar el Formulario I-914

Una vez completado el formulario, debe enviarse a la siguiente dirección:

USCIS
Vermont Service Center
75 Lower Welden Street St.
Albans, VT 05479-0001

Autorización de empleo

Si aprueban su solicitud le permitirán trabajar legalmente en los Estados Unidos y el USCIS le enviará un documento de autorización de empleo como prueba de dicha autorización. Los miembros de la familia del solicitante principal también tendrán permiso para trabajar. Si los familiares están fuera del país, no son elegibles para recibir la autorización de empleo hasta que entren legalmente a los Estados Unidos.

Duración de la visa T

La visa de no inmigrante T es válida por cuatro años. El portador de la visa puede ser elegible para solicitar la residencia permanente (tarjeta verde) después de tres años de estar en estatus de no inmigrante T y reuniendo ciertas condiciones que se detallan a continuación.

¿Cómo se puede solicitar la residencia permanente?

El beneficiario de la visa T debe ser elegible antes de solicitar la residencia permanente. Para ser elegible, el solicitante debe cumplir con los siguientes requisitos:

➤ Haber estado físicamente presente en los Estados Unidos por un período continuo de al menos tres años bajo el estatus de no inmigrante T, o un período continuo durante la investigación o juicio de los actos de tráfico, siempre y cuando el fiscal general haya certificado que la investigación o el procesamiento han culminado.

➤ Mantener un buen carácter moral durante su estancia en los Estados Unidos.

➤ Haber cumplido con todo pedido razonable de asistencia en la investigación o juicio de actos de tráfico, a menos que usted sea menor de dieciocho años de edad en el momento de la victimización.

➤ Demostrar que su expulsión de los Estados Unidos le ocasionaría extremo perjuicio.

➤ Ser admisible en los Estados Unidos, o calificar para obtener una exención de admisibilidad.

Si es elegible, deberá presentar el Formulario I-485, Solicitud de registro de residencia permanente o ajuste de estatus. Debe haber sido admitido legalmente en los Estados Unidos como no inmigrante T y debe continuar manteniendo dicha condición en el momento de la solicitud.

Por favor ver el capítulo 15, "Ajuste de estatus", para instrucciones de cómo completar el Formulario I-485.

VISA U

La visa U es una visa especial de no inmigrante que forma parte de un programa humanitario ofrecido por el USCIS. Esta visa ofrece protección a personas que han sido víctimas de crímenes graves como violación, incesto, secuestro, extorsión, asesinato, intento de homicidio, violencia doméstica, acecho y tráfico de personas, entre otros crímenes.

El número de visas de no inmigrante U es limitado. Solo se otorgan 10.000 por año. Esto no se aplica para visas de familiares derivados.

Una vez que se alcanza el límite, los solicitantes que son aprobados recibirán una Notificacion de Aprobación Condicional (Notice of Conditional Approval) y serán otorgados el estatus de acción diferida o un permiso humanitario (*parole*). Mientras tengan este estatus, no acumularán tiempo de indocumentados y podrán recibir un permiso de trabajo. Las personas aprobadas son puestas en una lista de espera y se les dará prioridad para las visas del año siguiente.

¿Quién es elegible para una visa U?

Para ser elegible para esta visa, el solicitante debe haber sido víctima de un crimen "calificado" (como los mencionados anteriormente). El crimen debe haber ocurrido en los Estados Unidos o violado las leyes de este país.

La persona debe haber sufrido abuso físico o mental considerable como resultado del acto criminal. Además, debe cooperar y ayudar a las autoridades en la investigación o el procesamiento judicial de sus agresores.

Entre las víctimas de crímenes se incluye a personas que han sufrido directamente o indirectamente un abuso físico o mental considerable como resultado de un acto criminal. Por ejemplo, en el caso de un asesinato, la víctima podría ser un testigo que al presenciar el crimen sufrió un ataque al corazón. También podrían ser el cónyuge e hijos solteros menores de veintiún años de la persona asesinada.

Si la víctima es menor de dieciséis años o no puede proporcionar información debido a una incapacidad, un padre, tutor o representante puede ayudar a las agencias policiales en su representación.

La persona debe ser admisible a los Estados Unidos. Si no es elegible para ser admitido al país, puede solicitar una exención usando el Formulario I-192, Solicitud de permiso adelantado de ingreso como no inmigrante (Application for Advance Permission to Enter as a Non-Immigrant.).

Beneficio derivado de la visa U

Uno de los beneficios de esta visa es que ciertos miembros de la familia de víctimas de crímenes también son elegibles para una visa U derivada del peticionario.

Por ejemplo, si la víctima es menor de veintiún años, puede presentar una solicitud que incluya a su cónyuge, sus hijos solteros menores de edad, sus padres y sus hermanos solteros menores de dieciocho años. Si es mayor de veintiún años, sólo puede presentar una petición para su cónyuge y sus hijos solteros menores de edad.

Cómo solicitar la visa U

Si es elegible para solicitar una visa U, deberá presentar el Formulario I-918, Petición de Estatus U de No Inmigrante, y el Formulario I-918, Suplemento B, Certificación de Estatus U de No Inmigrante. En el Suplemento B, un funcionario del Gobierno autorizado debe confirmar que usted ha contribuido o probablemente contribuirá al procesamiento penal del caso.

Sin el Suplemento B, una víctima de un crimen no podrá solicitar la visa U. Por lo tanto es indispensable que toda víctima reporte el crimen a la policía y colabore lo más que pueda en la investigación y enjuiciamiento del malhechor. También deberá incluir una declaración personal describiendo la actividad criminal de la que fue víctima y evidencia que establezca cada uno de los requisitos de elegibilidad.

La víctima debe llenar el formulario, donde puede incluir los nombres de los miembros de la familia que califican para obtener el beneficio inmigratorio derivado de la visa.

Dónde debe enviar los formularios

Una vez completados los formularios, envíe el paquete completo de solicitud a la siguiente dirección:

USCIS
Vermont Service Center
75 Lower Welden Street St.
Albans, VT 05479-0001

No hay que pagar cuotas para presentar los formularios para la visa U. El USCIS tampoco requiere que las víctimas de un crimen paguen por procesar sus huellas digitales.

Autorización de empleo

Si el USCIS aprueba su solicitud, le permitirán trabajar legalmente en los Estados Unidos, y el USCIS le dará un documento de autorización de empleo. Sus familiares inmediatos también tendrán permiso para trabajar.

Los miembros de su familia que estén fuera del país no serán elegibles para recibir la autorización de empleo hasta que entren legalmente a los Estados Unidos.

Duración de la visa U

Si la víctima de un crimen y sus familiares inmediatos son considerados elegibles, se les extiende una visa U por un período de cuatro años. La visa es temporal, por lo que se deben hacer trámites adicionales para obtener la residencia permanente al terminar ese plazo.

Residencia permanente para beneficiarios de la visa U

Las víctimas de crímenes que hayan calificado para una visa U tendrán que iniciar el trámite para la tarjeta verde. Una vez que inicien el trámite, deberán someter el Formulario I-485, Solicitud de registro de residencia permanente o ajuste de estatus.

Tendrán que comprobar que han estado viviendo dentro de los Estados Unidos continuamente por lo menos tres años desde que recibieron la visa U y que cooperaron con las autoridades en la investigación o el procesamiento judicial de los criminales que los agredieron.

Además, deben ser admisibles a los Estados Unidos y demostrar que están en el país por razones humanitarias, para garantizar la unidad familiar o en función del interés público.

En el caso de los familiares de una víctima, si ya tienen una visa U pueden solicitar la residencia permanente. Para hacerlo, la víctima debe ser elegible para la residencia permanente y su solicitud de ajuste de estatus debe haber sido aprobada, estar en trámite o presentarse simultáneamente.

Si un cónyuge, hijos solteros menores de edad o padres de un beneficiario de la visa U no fueron incluidos en la solicitud inicial de la visa U, aún pueden solicitar su residencia permanente. Deben cumplir con todos los requisitos, incluyendo demostrar que ellos o la víctima sufrirían extremo perjuicio si no le otorgan la residencia permanente a los familiares.

Si son elegibles, los solicitantes de la residencia permanente por medio de la visa U podrán obtener permisos de trabajo y autorización para salir fuera del país.

Si el USCIS le niega la solicitud de ajuste de estatus a la víctima, puede apelar la decisión dentro de un plazo específico de tiempo. Lamentablemente, mientras la persona apela su caso no podrá obtener un permiso de trabajo. Consulte con un abogado de inmigración antes de solicitar su residencia permanente por medio de la visa U.

Por favor ver el capítulo 15, "Ajuste de estatus", para instrucciones de cómo completar el Formulario I-485.

10
NACARA 203

La Ley de Ajuste Nicaragüense y Asistencia Centroamericana (Nicaraguan Adjustment and Central American Relief Act), mejor conocida como NACARA, por sus siglas en inglés, es un programa humanitario que fue aprobado por el Congreso de los Estados Unidos en 1997. La sección 203 de NACARA (NACARA 203) ofrece beneficios inmigratorios y la suspensión de deportación a ciertos inmigrantes, incluyendo a salvadoreños, guatemaltecos y sus dependientes que se encuentran en los Estados Unidos.

Las personas que reciben beneficios de NACARA 203 obtienen la residencia legal permanente, siempre y cuando cumplan con los debidos requisitos. A continuación se detallan los requisitos de NACARA 203 y se explica cómo solicitar este beneficio migratorio.

¿QUIÉN ES ELEGIBLE?

Las personas que desean solicitar una visa por medio del programa NACARA 203 no pueden haber sido condenadas por un delito grave. Además, para ser elegibles deben cumplir con los requisitos de una de las siguientes cinco categorías:

1. Ser originarios de Guatemala que:
   - entraron por primera vez a los Estados Unidos en o antes del 1 de octubre de 1990;
   - se registraron para beneficios de ABC (American Baptist Churches) en o antes del 31 de diciembre de 1991;
   - no han sido detenidos al entrar al país después del 19 de diciembre de 1990.

2. Ser originarios de El Salvador que:

- entraron por primera vez a los Estados Unidos en o antes del 19 de septiembre de 1990;
- se registraron para beneficios de ABC en o antes del 31 de octubre de 1991 (ya sea directamente o mediante la solicitud de Estatus de Protección Temporal (TPS, por sus siglas en inglés);
- no han sido detenidos al entrar al país después del 19 de diciembre de 1990.

3. Ser guatemaltecos o salvadoreños que presentaron una solicitud de asilo en o antes del 1 de abril de 1990.

4. Ser un "familiar calificado" de un individuo en una de las categorías anteriores. Un familiar calificado es el cónyuge o los hijos solteros de una persona elegible para NACARA 203 a quien se le ha concedido la suspensión de deportación o cancelación de expulsión.

La relación del familiar calificado al cónyuge o padre debe existir en el momento en que al cónyuge o padre se le concede la suspensión de deportación o cancelación de expulsión. Los hijos solteros que tengan veintiún años de edad o más en el momento en que se le concede el amparo migratorio al padre también deben haber entrado a los Estados Unidos en o antes del 1 de octubre de 1990.

5. Ser un cónyuge o hijo maltratado o sujeto a crueldad extrema por ciertos inmigrantes, incluyendo guatemaltecos o salvadoreños beneficiados por NACARA 203. Deben ser cónyuges o hijos del abusador en el momento en que:

- se le concedió la suspensión de deportación o cancelación de expulsión,
- presentó una solicitud de suspensión de deportación o cancelación de expulsión,
- se registró para beneficios de ABC,
- solicitó el estatus de protección temporal (TPS) o
- solicitó asilo.

Un extranjero también es elegible para presentar una solicitud si un hijo suyo ha sido maltratado o sujeto a crueldad extrema por parte de su cónyuge, si el maltratador es un guatemalteco o salvadoreño beneficiado por NACARA 203, entre otros.

El Servicio de Ciudadanía e Inmigración de los Estados Unidos (USCIS, por sus siglas en inglés) no tiene la autoridad para decidir la elegibilidad para alivio migratorio bajo NACARA 203, para cónyuges o hijos maltratados o sujetos a crueldad extrema. Estos casos son resueltos en la corte de inmigración.

Para presentar una solicitud inicial ante la corte de inmigración, usted debe estar en proceso de deportación o expulsión.

CONDICIONES DE ELEGIBILIDAD

Para ser elegible para NACARA 203 tendrá que demostrar que ha vivido de forma continua en los Estados Unidos entre tres y siete años dependiendo de su caso, haber tenido buena conducta moral durante ese período de tiempo y demostrar extremo perjuicio para usted o su cónyuge, padre o hijo ciudadano o residente permanente estadounidense, si son regresados a su país de origen.

Si ha tenido problemas graves que lo tienen sujeto a deportación del país, la ley impone condiciones adicionales, incluyendo el haber vivido diez años continuos en los Estados Unidos y demostrar extremo perjuicio excepcional y extremadamente inusual si es regresado a su país de origen.

CÓMO SOLICITAR NACARA 203

El proceso para solicitar NACARA 203 es complicado. Los procedimientos varían dependiendo del historial del solicitante incluyendo si la persona ha o no tenido problemas con inmigración en el pasado.

Las personas elegibles para NACARA 203 tendrán que presentar el Formulario I-881, Solicitud de suspensión de deportación o cancelación de expulsión por regla especial.

Aunque el solicitante principal incluirá los nombres de cada miembro de su familia inmediata en el formulario, cada uno de ellos tiene que presentar su propia solicitud para NACARA 203 si desea tomar ventaja del beneficio migratorio.

Bajo ciertas circunstancias, la persona puede presentar la solicitud directamente en el USCIS. En otras, tiene que presentar la solicitud en una corte de inmigración. *Debido la complejidad del proceso, es de suma importancia consultar con un abogado para hacer este trámite.*

La solicitud de NACARA 203 tendrá que incluir varios documentos de apoyo, incluyendo:

> ➤ Certificado de nacimiento del solicitante.
> ➤ Certificado de matrimonio, si está casado.
> ➤ Certificado de nacimiento de hijos.

➤ Fotografías.

➤ Pasaporte.

➤ Evidencia del período de residencia física en los Estados Unidos, como estados de cuentas bancarias, contratos de alquiler, declaraciones de impuestos.

➤ Evidencia de buena conducta moral, como declaraciones de empleadores o ciudadanos estadounidenses que lo conozcan.

Los cónyuges o hijos del solicitante de NACARA 203 deben presentar evidencia de que también sufrirían extremo perjuicio si son regresados a su país de origen.

Además de la evidencia, deberán incluir las cuotas correspondientes.

COSTOS DE LA SOLICITUD

El costo para procesar el Formulario I-881 es $285 si se presenta ante el USCIS. Si se presenta en la corte de inmigración, el costo es $165. Además, hay que pagar $85 para las huellas digitales. Si solicita como familia, el costo máximo que tendrá que pagar es $570. Debe asegurarse de que todas las solicitudes se envíen juntas en un mismo paquete para poder aprovechar la tarifa familiar. Todas estas cuotas no son reembolsables, por lo tanto, asegúrese de que todos son elegibles antes de solicitar el beneficio.

Siga cuidadosamente las instrucciones del formulario para saber dónde enviar las solicitudes con las cuotas correspondientes.

AUTORIZACIÓN DE EMPLEO

Las personas que son elegibles para NACARA 203 pueden obtener un permiso de trabajo mientras se procesa su solicitud.

Tendrán que presentar el Formulario I-765, Solicitud de autorización de empleo, con la cuota actual de $380. Si los solicitantes son de escasos recursos, pueden solicitar al USCIS una exención de tarifas para solicitar NACARA 203 y el permiso de trabajo.

ENTREVISTA

Por lo general, cuando una persona presenta la solicitud con el USCIS, tendrá que ser entrevistada por un oficial de inmigración. No debe perder la cita porque, de hacerlo, su caso será denegado y puede ser referido a una corte de inmigración.

Si su caso está en la corte de inmigración, el juez tendrá una audiencia para determinar si cumple con los requisitos de elegibilidad. Debe asistir a la audiencia porque de lo contrario su caso será denegado y a usted se le aplicará una orden de remoción *in absentia*, a menos que haya una razón válida por la que usted no se presentó.

Si el USCIS o el juez aprueba la solicitud, la persona obtiene la residencia permanente. En el caso de que su solicitud sea denegada, consulte con un abogado de inmigración para que le explique sus opciones legales.

11

Cancelación de remoción y ajuste de estatus bajo la sección 240A(b)

La cancelación de remoción (*cancellation of removal*) es un beneficio inmigratorio que otorga la residencia permanente a personas que estén con o sin residencia legal dentro de los Estados Unidos. Solamente se puede pedir mientras una persona está en proceso de remoción en la corte de inmigración. Anteriormente, este beneficio se llamaba "cancelación de deportación".

Existen dos clases de cancelación de remoción y ajuste de estatus bajo la sección 240A(b) de la Ley de Inmigración y Nacionalidad (INA, por sus siglas en inglés). Esta ley es complicada y solo se aplica a las personas que no tienen residencia legal en los Estados Unidos. Además, hay solamente 4.000 visas anuales para esta categoría. A continuación se explica este beneficio inmigratorio.

CANCELACIÓN DE REMOCIÓN Y AJUSTE DE ESTATUS BAJO LA SECCIÓN 240A(B)(1)

Para calificar para la cancelación de remoción y ajuste de estatus bajo la sección 240A(b)(1) usted tiene que demostrar que:

> ➤ ha estado físicamente presente en los Estados Unidos por un período continuo de no menos de diez años inmediatamente antes de haber sido puesto en proceso de remoción y hasta el momento de la solicitud;
> ➤ ha sido una persona de buen carácter moral durante los diez años anteriores a una orden administrativa final;
> ➤ no ha sido condenado por un delito bajo las secciones 212(a)(2),

237(a)(2) o 237(a)(3) de la INA (como por ejemplo: depravación moral (*moral turpitude*), violación de drogas, prostitución, hacerse pasar por ciudadano estadounidense, etc.);

➤ la remoción resultaría en "sufrimiento excepcional y extremadamente inusual" (*exceptional and extremely unusual hardship*) para su cónyuge, padre o hijo soltero menor de veintiún años, quienes son ciudadanos o residentes permanentes de los Estados Unidos;

➤ amerita la discreción del juez de inmigración para que le otorgue el beneficio.

Bajo la sección 240A(b)(1) de la INA, el período continuo viviendo en los Estados Unidos se interrumpe cuando le dan un citatorio a la persona (Notice to Appear) para ir a la corte de inmigración. También se interrumpe si anteriormente fue removido del país, salió fuera de los Estados Unidos por más de noventa días durante un viaje, o si ha hecho múltiples viajes y el tiempo total que ha estado fuera del país suma 180 días o más. Además, se interrumpe en la fecha cuando la persona cometió ciertos crímenes que lo hagan inadmisible o sujeto a deportación del país.

Existen excepciones a la ley y *es de suma importancia que lo represente un abogado de inmigración si está en proceso de remoción.*

Para demostrar "sufrimiento excepcional y extremadamente inusual", el solicitante debe demostrar que su cónyuge, padre o hijo soltero menor de veintiún años, que son ciudadanos o residentes permanentes de los Estados Unidos, sufrirían un perjuicio mucho mayor al normalmente sufrido, como resultado de la remoción del solicitante. El solicitante no tiene que demostrar que el sufrimiento propio sería irrazonable. Solo se toma en cuenta el sufrimiento de un pariente calificado del solicitante. Sin embargo, se puede evaluar el sufrimiento del solicitante en la medida en que afecte a su pariente calificado.

Para determinar el nivel de sufrimiento ocasionado a un pariente calificado, se toman en cuenta factores como la edad, la salud, el tiempo de residencia en los Estados Unidos y los vínculos familiares y comunitarios en los Estados Unidos y en el extranjero. Un menor nivel de vida, la disminución de las oportunidades de educación, malas condiciones económicas y otras condiciones adversas en el país de expulsión son también factores relevantes, pero en general no serán suficientes por sí solas, para demostrar sufrimiento excepcional y extremadamente inusual. Sin embargo, el juez de inmigración considerará todos los factores de necesidad en conjunto para determinar si el pariente calificado sufrirá dificultades que son excepcionales y extremadamente inusuales.

Por ejemplo, en un caso de inmigración, la Junta de Apelaciones de Inmigración (BIA, por sus siglas en inglés) observó lo siguiente: la disminución de las oportunidades educativas y económicas en el país de expulsión; la carga financiera para la persona que sería removida, quien era proveedor financiero único para sus seis hijos ciudadanos estadounidenses; la falta de familiaridad de los niños con el idioma del país donde su padre sería removido; el estatus legal de la familia inmediata del solicitante en los Estados Unidos; y la falta de vínculos familiares en el país de remoción. Todos estos factores, entre otros, de forma acumulada demostraban un sufrimiento "mucho más allá de lo que se experimenta normalmente en la mayoría de los casos de remoción".

CANCELACIÓN DE REMOCIÓN Y AJUSTE DE ESTATUS BAJO LA SECCIÓN 240A(B)(2)

Para calificar para la cancelación de remoción y ajuste de estatus bajo la sección 240A(b)(2) el solicitante tendrá que demostrar que:

> ➤ ha sido agredido o sujeto a crueldad extrema por parte de un cónyuge o padre que es o era un ciudadano o residente permanente de los Estados Unidos, o que tiene un niño que ha sido sujeto a esta clase de maltrato;
> ➤ ha estado físicamente presente en los Estados Unidos por un período no menor de tres años inmediatamente anteriores a la fecha de su solicitud;
> ➤ ha sido una persona de buen carácter moral durante ese período;
> ➤ no es inadmisible bajo el párrafo (2) o (3) de la sección 212(a) (por, por ejemplo, depravación moral, violación de drogas, prostitución, espionaje, actos terroristas, etc.), no está sujeto a deportación bajo los párrafos (1)(G) o (2) al (4) de la sección 237(a) (por, por ejemplo, fraude matrimonial, actos de espionaje o terroristas, etc.), a menos que se le haya otorgado una exención de violencia doméstica, y no haya sido condenado por un delito grave;
> ➤ su remoción resultaría en "sufrimiento extremo" para el solicitante, su hijo soltero menor de veintiún años o su padre;
> ➤ amerita el ejercicio de la discreción por parte del juez de inmigración.

Bajo la sección 240A(b)(2)(A)(i) de la INA, la agresión o crueldad extrema incluye, pero no está limitada a, cualquier acto o amenaza de violencia, incluyendo cualquier detención forzosa que resulte o pudiera resultar en daños físicos o mentales. El abuso psicológico o sexual o explotación se considerarán actos de violencia.

Los informes y las declaraciones de policía, jueces y demás funcionarios judiciales, personal médico, funcionarios escolares, clero, trabajadores sociales y otro personal de agencias de servicios sociales podrían servir como evidencia del abuso recibido. Otras formas de evidencia relevantes y creíbles también serán consideradas.

Bajo la sección 240A(b)(2) de la INA, el período continuo viviendo en los Estados Unidos no se interrumpe cuando una persona recibe un citatorio (Notice to Appear) para presentarse a la corte de inmigración. Se interrumpe cuando ha salido fuera de los Estados Unidos por más de noventa días durante un viaje o si ha hecho múltiples viajes y el tiempo total que ha estado fuera del país suma 180 días o más. Sin embargo, no se tomarán en cuenta los viajes que haya hecho para escapar de la agresión o extrema crueldad.

La corte de inmigración considera varios factores cuando determina si una persona experimentará "sufrimiento extremo" bajo la sección 240A(b)(2) de la INA, incluyendo:

> la gravedad de la agresión o crueldad extrema;
> la edad del solicitante, tanto en el momento de entrada a los Estados Unidos como en el momento que presente su solicitud;
> sus lazos familiares en los Estados Unidos y en el extranjero;
> su tiempo de residencia en los Estados Unidos;
> su estado de salud, así como la de sus hijos ciudadanos en los Estados Unidos;
> las condiciones políticas y económicas en el país donde iría a vivir al ser removido de los Estados Unidos;
> el impacto económico de su remoción de los Estados Unidos;
> la posibilidad de otros medios de ajuste de estatus en los Estados Unidos;
> su participación y posición dentro de la comunidad local;
> su historial inmigratorio.

La evidencia de "sufrimiento extremo" puede incluir declaraciones juradas, actas de nacimiento de los niños, informes médicos, órdenes de protección y otros documentos judiciales, informes policiales y otras pruebas creíbles relevantes. Vea la sección de "Sufrimiento extremo" en el capítulo 12, "Inelegibilidades y exenciones (*waivers*)", para mayor información acerca de cómo demostrar este importante requisito.

La sección 240A(b)(2) de la INA es muy compleja y *es de suma importancia que un abogado de inmigración lo represente en la corte de inmigración.*

CÓMO SOLICITAR CANCELACIÓN DE REMOCIÓN BAJO LA SECCIÓN 240A(B)

El proceso para solicitar cancelación de remoción es complicado y debe contratar a un abogado de inmigración para que lo ayude. Los procedimientos varían dependiendo del historial del solicitante incluyendo si la persona ha o no tenido problemas con su estado inmigratorio en el pasado.

Las personas elegibles para la cancelación de remoción bajo la sección 240A(b) tendrán que presentar el Formulario EOIR-42B, Solicitud de cancelación de remoción y ajuste de estatus para ciertos residentes no permanentes.

Aunque el solicitante principal incluirá los nombres de cada miembro de su familia inmediata en el formulario, cada uno de ellos tiene que presentar su propia solicitud para cancelación de remoción si desea hacer uso del beneficio inmigratorio.

La solicitud de cancelación de remoción bajo la sección 240A(b) tendrá que incluir varios documentos de apoyo, incluyendo:

> ➤ Certificado de nacimiento del solicitante.
> ➤ Certificado de matrimonio, si está casado.
> ➤ Certificado de nacimiento de hijos.
> ➤ Fotografías.
> ➤ Pasaporte.
> ➤ Evidencia del período de residencia física en los Estados Unidos, tal como estados de cuentas bancarias, contratos de alquiler y declaraciones de impuestos.
> ➤ Evidencia de buena conducta moral, como declaraciones de empleadores o ciudadanos estadounidenses que lo conozcan.
> ➤ Evidencia de "sufrimiento excepcional y extremadamente inusual" (casos bajo la sección 240A(b)(1)) o "sufrimiento extremo" (casos bajo la sección 240A(b)(2)) para usted y/o su pariente calificado si usted es removido a su país de origen.
> ➤ Evidencia de la agresión o crueldad extrema si está solicitando cancelación de remoción bajo la sección 240A(b)(2).

Además de la evidencia, deberán incluir las cuotas correspondientes.

COSTOS DE LA SOLICITUD

El costo para procesar el Formulario EOIR-42B es $100. Además, hay que pagar $85 para las huellas digitales. Todas estas cuotas no son reembolsables. Por lo tanto, asegúrese de ser elegible antes de solicitar el beneficio.

Siga cuidadosamente las instrucciones del formulario para saber dónde enviar las solicitudes con las cuotas correspondientes.

AUTORIZACIÓN DE EMPLEO

Las personas que son elegibles para la cancelación de remoción, pueden obtener un permiso de trabajo mientras se procesa su solicitud. Tendrán que presentar el Formulario I-765, Solicitud de autorización de empleo, con la cuota actual de $380.

Si los solicitantes son de escasos recursos, pueden solicitar al juez de inmigración y al USCIS una exención de tarifas para solicitar cancelación de remoción y el permiso de trabajo.

AUDIENCIA ANTE EL JUEZ DE INMIGRACIÓN

El juez de inmigración tendrá una audiencia para determinar si cumple con los requisitos de elegibilidad. Debe asistir a la audiencia, de lo contrario su caso será denegado y a usted se le aplicará una orden de remoción *in absentia*, a menos que haya una razón válida por la que usted no se presentó.

Si el juez aprueba la solicitud y hay una visa disponible, la persona obtiene la residencia permanente. Si el juez niega la solicitud, usted podría apelar la decisión a la BIA. Su abogado de inmigración le explicará sus opciones legales.

12

Inelegibilidades y exenciones (*waivers*)

Hay muchas razones por las cuales se puede negar una solicitud. En algunos casos, la solicitud es denegada porque el solicitante no presentó toda la información o los documentos necesarios. Pero también pueden haber razones más graves para que no aprueben una solicitud.

Antes de solicitar cualquier beneficio inmigratorio, es de suma importancia determinar si cumple con todos los requisitos para obtener la residencia permanente. Uno de los requisitos fundamentales es que el solicitante sea admisible al país —o sea, que no haya cometido ciertos actos en su pasado que le prohíban la entrada a los Estados Unidos. De esto depende que le aprueben o no una solicitud.

Después de enviar su petición, el Servicio de Ciudadanía e Inmigración de los Estados Unidos (USCIS, por sus siglas en inglés), (si es un caso de ajuste de estatus) o una embajada o consulado (si es un proceso consular) revisará toda la información y documentación presentada con la solicitud para asegurarse de que esté completa. El agente u oficial que revisa la petición también evaluará detenidamente su historial para verificar que usted no haya hecho nada en el pasado que lo descalifique para emigrar a los Estados Unidos.

Si descubren que el solicitante ha estado involucrado en actividades no permitidas, como el tráfico de drogas, la prostitución o el fraude, será considerado inadmisible al país y le negarán la visa.

Es importante no presentar una solicitud sin antes consultar con un abogado, particularmente si tiene algún antecedente dudoso. Antes de iniciar el trámite debe entender si es elegible, porque estaría malgastando su dinero y poniéndose en la mira de inmigración si tiene algo en el pasado por lo que lo puedan deportar o que lo haga inadmisible a los Estados Unidos.

Si no le aprueban la solicitud, le enviarán una notificación escrita con la razón por la cual no es elegible para la visa. El dinero que pagó para el procesamiento de la solicitud no es reembolsable si rechazan su petición.

A continuación, explico cuáles son algunas de las razones por las cuales puede ser encontrado no elegible para una visa y las posibles exenciones o perdones (*waivers*).

RAZONES DE INELEGIBILIDAD PARA UNA VISA

El Gobierno de los Estados Unidos denomina las razones para negar una visa "inelegibilidades", o sea los motivos que inhabilitan a una persona de obtener el beneficio de una visa.

La lista de inelegibilidades está enumerada en la Ley de Inmigración y Nacionalidad (INA, por sus siglas en inglés) y otras leyes de inmigración.

Algunas inelegibilidades pueden ser superadas, pero otras son permanentes. Eso quiere decir que si lo encontraron no elegible en una ocasión, cada vez que usted solicite una visa, lo volverán a encontrar inelegible bajo la misma sección de la ley.

Sin embargo, dependiendo de la inelegibilidad, y si califica, podría pedir una exención o perdón. A continuación, enumero algunos ejemplos de inelegibilidad.

1. Por solicitud o documentación incompleta

No llenó completamente la solicitud de visa y/o no entregó toda la documentación de apoyo necesaria (INA sección 221(g)). Si rechazan su visa bajo esta sección, no es elegible para recibir la visa por el momento, pero su caso quedará suspendido hasta que entregue la solicitud y la documentación necesarias para continuar el procesamiento y que las autoridades determinen si califica para la visa.

El solicitante tiene un año a partir de la fecha en que le negaron la visa para entregar la información que le pidieron.

2. Por motivos de salud

Si el solicitante tiene una enfermedad contagiosa, se le puede negar una visa bajo la Sección INA 212(a)(1) (motivos de inadmisibilidad relacionados con la salud). Se incluyen dentro de las enfermedades contagiosas: tuberculosis, gonorrea, sífilis y otras enfermedades venéreas y lepra.

También entran dentro de esta inelegibilidad los casos en los que el solicitante tiene o ha tenido un trastorno físico o mental que ocasione un comportamiento que pueda ser una amenaza a la propiedad, seguridad o bienestar del extranjero u otras personas.

3. Por antecedentes criminales

Si el solicitante ha estado involucrado en actividades delictivas y tiene los siguientes antecedentes:

> ➤ Fue declarado culpable de un delito que implique depravación moral (*moral turpitude*) (INA sección 212(a)(2)(A)(i)(I)). Algunos ejemplos de este tipo de crímenes son el robo, el fraude, la evasión de impuestos intencional y el secuestro.
> ➤ Fue declarado culpable o ha admitido que cometió una violación de drogas (INA sección 212(a)(2)(A)(i)(II)).
> ➤ Tiene dos o más condenas penales cuya sentencia total fue el encarcelamiento por un período de cinco años o más (INA sección 212(a)(2)(B)).
> ➤ Fue condenado por prostitución o vicio comercializado (Sección 212(a)(2)(D)).

Esta es solo una lista parcial de inelegibilidades basadas en actividades delictivas. Deberá consultar con un abogado para revisar sus antecedentes antes de presentar una solicitud.

4. Por carga pública

No comprobó que tenía apoyo financiero adecuado en los Estados Unidos, por lo que se le negó la visa bajo carga pública (INA sección 212(a)(4)). Negar una visa por esa sección significa que el oficial consular determinó que es probable que el inmigrante se convierta en una carga pública, dependiendo de beneficios públicos para subsistir una vez que esté en los Estados Unidos.

Esta inelegibilidad se puede superar si el inmigrante puede demostrar que tendrá apoyo financiero. Para ello, generalmente se pide la Carta de Sostenimiento de la persona que lo está patrocinando en los Estados Unidos. Si el solicitante no requiere de una Carta de Sostenimiento, tendrá que demostrar que tiene fondos personales, una oferta de trabajo en los Estados Unidos, y/o el patrocinio de un ciudadano o residente permanente de los Estados Unidos. Vea el capítulo 17, "Carta de sostenimiento", para mayor información.

El oficial consular o del USCIS revisará la evidencia adicional de la ayuda financiera que usted envíe para determinar si es suficiente para superar su inelegibilidad

5. Por fraude y falsificación (misrepresentation)

Distorsionó o tergiversó un hecho fundamental o esencial o cometió fraude para tratar de recibir una visa (INA sección 212(a)(6)(C)(i)). Esta se considera una inelegibilidad o inhabilitación permanente.

Hacerse pasar falsamente por ciudadano estadounidense está severamente penalizado por la ley. Nunca lo haga ya que le impedirá obtener la residencia permanente para toda su vida a menos que el Gobierno le otorgue un perdón.

El oficial consular o del USCIS le informará si se puede solicitar una exención de esta inelegibilidad.

6. Por presencia ilegal en los Estados Unidos

Anteriormente permaneció en los Estados Unidos más tiempo del que le habían autorizado (INA sección 212(a)(9)(B)(i)). Si fue rechazado o declarado inelegible para una visa bajo esta sección es porque permaneció en los Estados Unidos después de la fecha de caducidad del período de estadía autorizado por el Departamento de Seguridad Nacional de los Estados Unidos (DHS, por sus siglas en inglés) o la Oficina de Aduanas y Protección Fronteriza de los Estados Unidos (CBP, por sus siglas en inglés), sin la autorización requerida para extender su estadía. También pudo haber sido rechazado o declarado inelegible porque entró y estuvo en los Estados Unidos sin recibir la autorización necesaria de la CBP.

Por lo general, una vez que sale del país tras un período de estadía ilegal no es elegible para recibir una visa por tres años si ha estado ilegalmente en los Estados Unidos durante 180 días o más, pero menos de un año. Si estuvo en los Estados Unidos ilegalmente por un año o más, le negarán la visa por diez años.

Existen exenciones. Por ejemplo, el tiempo de presencia ilegal acumulado antes del 1 de abril de 1997 no cuenta. Esta ley es comúnmente llamada la "ley del castigo". El oficial consular o del USCIS le hará saber si se puede solicitar una exención de esta inelegibilidad.

Quiero recalcar nuevamente la importancia de consultar con un abogado de inmigración antes de presentar cualquier solicitud migratoria, para determinar si algún acto en su pasado puede hacerlo inelegible para permanecer en, o ingresar a, los Estados Unidos.

¿SE PUEDE VOLVER A SOLICITAR UNA VISA DESPUÉS DE UN RECHAZO?

Si lo encontraron inelegible para una visa, puede intentar solicitar una nuevamente en el futuro. Con la excepción de una solicitud incompleta que solamente requerirá de enviar la información faltante, tendrá que presentar una nueva solicitud de visa y pagar una vez más la tarifa de solicitud de visa.

Si le negaron la visa por razones más serias, deberá consultar con un abogado para asegurarse de poder pedir una exención a la inelegibilidad.

13

Exención de inelegibilidad

Bajo ciertas circunstancias, la INA permite que solicitantes a quienes se les negó una visa de inmigrante debido a una inelegibilidad puedan solicitar una exención de esa inelegibilidad.

El Departamento de Seguridad Nacional (DHS, por sus siglas en inglés) resuelve todas las exenciones de inelegibilidad. Las exenciones no son obligatorias. Se otorgan según la discreción de los oficiales del DHS que revisan cada caso. Esto significa que no hay garantías de que aprueben una solicitud de exención. Si el DHS aprueba una exención de inelegibilidad, entonces el solicitante podrá solicitar nuevamente una visa.

¿QUIÉN PUEDE SOLICITAR UNA EXENCIÓN DE INELEGIBILIDAD?

No todo solicitante que haya sido encontrado inelegible para una visa puede pedir una exención de inelegibilidad. Hay varios factores que determinan si usted califica para la exención. Entre ellos:

> ➤ Si hay una exención de inelegibilidad disponible para la sección bajo la cual lo encontraron inelegible.
> ➤ Debe calificar para la visa solicitada, sin contar esa inelegibilidad específica.
> ➤ Si hay una exención disponible para su situación particular. Por ejemplo, en ciertos casos de inelegibilidad de visas solo se puede pedir una exención si tiene un cónyuge o padre ciudadano o residente permanente en los Estados Unidos que experimentará "sufrimiento extremo" (*extreme hardship*) si el solicitante de la visa de inmigrante no es capaz de inmigrar.

A continuación explico dos de las exenciones más comunes de inelegibilidad: por fraude y falsificación (*misrepresentation*) y por presencia ilegal en los Estados Unidos.

EXENCIÓN POR FRAUDE Y FALSIFICACIÓN (*MISREPRESENTATION*)

Si usted es inadmisible porque ha tratado de obtener un beneficio de inmigración por fraude o tergiversación de un hecho fundamental o esencial, puede solicitar una exención presentando el Formulario I-601. El USCIS podría aprobar esta exención si usted establece que:

> ➤ su cónyuge o padre, quien es un ciudadano o residente permanente de los Estados Unidos, o el solicitante de una visa K, experimentará "sufrimiento extremo" si se le niega la admisión; o
> ➤ usted es un autopeticionario del programa VAWA, y usted, su padre o hijo soltero menor de veintiún años, que son ciudadanos o residentes permanentes de los Estados Unidos, experimentarán "sufrimiento extremo" si se le niega la admisión.

EXENCIÓN A LA PRESENCIA ILEGAL EN LOS ESTADOS UNIDOS (*UNLAWFUL PRESENCE WAIVER*)

La "ley del castigo" (*unlawful presence bar*) penaliza a las personas que han estado ilegalmente en los Estados Unidos por más de 180 días consecutivos después del 1 de abril de 1997. Esta ley no permite el reingreso a los Estados Unidos por un período de tres a diez años al menos que le otorguen un perdón. Existen excepciones.

El perdón a la presencia ilegal en los Estados Unidos se puede solicitar en el exterior y dentro de los Estados Unidos si cumple con los requisitos correspondientes. De cualquier manera tendrá que demostrar "sufrimiento extremo" para su cónyuge o padre que sea ciudadano o residente permanente estadounidense.

SUFRIMIENTO EXTREMO

El "sufrimiento extremo" puede ser demostrado de diferentes maneras en la vida de su cónyuge o padre calificado. A continuación explico algunos de los factores que el USCIS toma en consideración al determinar si otorga o no un perdón a la ley del castigo:

➤ *Salud.* Por ejemplo: el tratamiento especializado necesario para una condición física o mental, la disponibilidad y la calidad de dicho tratamiento en el extranjero, la duración prevista del tratamiento, la clase de enfermedad y grado de atención necesitada.

➤ *Consideraciones financieras.* Por ejemplo: empleabilidad futura, la pérdida por la venta de su casa o negocio o término de su práctica profesional, disminución del nivel de vida, la capacidad de recuperar pérdidas a corto plazo, los costos de las necesidades extraordinarias, como la educación o formación especial para los niños con necesidades especiales, el costo de la atención de los miembros de la familia tales como padres ancianos y enfermos.

➤ *Educación.* Por ejemplo: la pérdida de oportunidades para la educación superior, baja calidad u opciones limitadas de educación, interrupción del programa actual; requisito de ser educados en un idioma extranjero o cultura con pérdida de tiempo o de grado, la disponibilidad de requisitos especiales, tales como programas de capacitación o pasantías en campos específicos.

➤ *Consideraciones personales.* Por ejemplo: parientes cercanos en los Estados Unidos y el país de nacimiento o ciudadanía, la separación del cónyuge/hijos, las edades de las personas implicadas, la duración de la residencia y de los lazos de la comunidad en los Estados Unidos.

➤ *Factores especiales.* Por ejemplo: obstáculos culturales, idioma, religión y etnia, temor justificable a persecuciones, daño físico o lesión; ostracismo social o estigma, el acceso (o falta de acceso) a las instituciones sociales o estructuras (oficiales o no oficiales) para apoyo, orientación y protección.

CÓMO SOLICITAR EL PERDÓN A LA LEY DEL CASTIGO EN EL EXTERIOR

Si después de su entrevista el oficial consular determina que está sujeto a la ley del castigo, le exigirá que solicite un perdón, el cual tiene que pedirse mientras esté fuera del país.

Tendrá que demostrar "sufrimiento extremo" para su cónyuge o padre que sea ciudadano o residente permanente estadounidense. No podrá regresar a los Estados Unidos hasta que el USCIS le otorgue el perdón. Si reingresa al país de forma ilegal, su caso de inmigración se verá seriamente perjudicado.

CÓMO SOLICITAR EL PERDÓN A LA LEY DEL CASTIGO DENTRO DE LOS ESTADOS UNIDOS

Si es un familiar inmediato (cónyuge, padre o hijo soltero menor de veintiún años) de un ciudadano estadounidense y la única infracción inmigratoria es haber estado ilegalmente en los Estados Unidos, podrá solicitar un perdón provisional a la ley del castigo con el USCIS mientras está dentro del país.

Tendrá que demostrar "sufrimiento extremo" para su cónyuge o padre que sea ciudadano estadounidense. Si le aprueban el perdón, tendrá que salir de los Estados Unidos y regresar a su país natal o a un tercer país elegible para ir a reclamar su visa de inmigrante. La gran ventaja de esto es que disminuirá el tiempo que tiene que estar fuera de los Estados Unidos.

Es de suma importancia contratar a un abogado de inmigración para que le ayude a pedir un perdón a la ley del castigo.

¿CÓMO SE PUEDE SOLICITAR UNA EXENCIÓN?

Si ha presentado una solicitud de visa y no es elegible para ser admitido a los Estados Unidos como inmigrante o para ajustar su estatus en los Estados Unidos, deberá llenar el Formulario I-601, Solicitud de exención de causal de inadmisibilidad, para obtener una exención de ciertos criterios de inadmisibilidad. Si desea solicitar un perdón provisional a la ley del castigo, tendrá que presentar el Formulario I-601A.

El Formulario I-601 tiene once páginas y debe ser completado en su totalidad.

El solicitante deberá pagar $585 dólares más $85 por las huellas digitales para que le procesen este formulario. Las cuotas no son reembolsables. Bajo algunas circunstancias, el USCIS permite la exención o dispensa de tarifas (*fee waivers*) para trámites inmigratorios a personas que pueden comprobar que tienen poco dinero o son de bajos recursos.

Una vez completado el formulario, debe enviarlo por correo directamente al USCIS, aunque existen algunas excepciones. La dirección donde se debe enviar depende del beneficio de inmigración que esté buscando.

Por ejemplo, si la persona presentando la solicitud es un autopeticionario que busca una visa de inmigrante o ajuste de estatus por medio del programa de VAWA, debe enviarla a:

USCIS Vermont Service Center
75 Lower Welden Street
St. Albans, VT 05479-0001

Podrá encontrar más información en el sitio web del USCIS, www.uscis
.gov/i-601 o puede llamar al Centro Nacional de Servicio al Cliente del USCIS
al 1-800-375-5283.

Según el USCIS, el tiempo promedio para el procesamiento de este formulario es de un mes a más de un año, dependiendo de dónde se presentó.

Los solicitantes de visa U, autopeticionarios del programa VAWA y cónyuges o hijos maltratados de un ciudadano o residente permanente de los Estados
Unidos, pueden pedir una dispensa de la tarifa del Formulario I-601.

DURACIÓN Y COBERTURA DE UNA EXENCIÓN DE INELEGIBILIDAD

Con pocas excepciones, si le aprueban una exención de inelegibilidad para solicitar un ajuste de estatus o una visa de inmigrante en el exterior, es válida inde-
finidamente. Esto se mantiene aunque no obtenga su visa, admisión como
inmigrante, ajuste de estatus o si perdiera su estatus de residente permanente
de los Estados Unidos.

Si la exención es aprobada, solamente cubrirá aquellas causas de inelegibilidad y los crímenes, incidentes, sucesos o condiciones que haya incluido en su
solicitud. Por lo tanto, es de suma importancia que usted revele todos los motivos de inelegibilidad para los cuales busca una exención. De lo contrario, tendrá
que volver a solicitar una nueva exención y pagar las cuotas correspondientes
del trámite.

TERCERA PARTE

Tiempos y procesos

14

Disponibilidad de visas y fechas de prioridad

La Ley de Inmigración y Nacionalidad (INA, por sus siglas en inglés) establece cuántas visas de inmigrante pueden emitirse cada año para aquellas personas que desean obtener la residencia legal permanente, y también impone límites sobre quiénes pueden recibirlas.

La disponibilidad de visas depende del número de visas que se emiten por año, la categoría de inmigrante bajo la cual se hace una solicitud y el país de origen del solicitante.

No hay límite de visas de inmigrante para familiares inmediatos de ciudadanos estadounidenses; por lo tanto siempre hay disponibilidad de visas para ellos. Se considera familiares inmediatos a cónyuges, hijos solteros menores de veintiún años y padres de ciudadanos estadounidenses. Sin embargo, hay límites en el número de visas de inmigrante para las personas que entran dentro de una "categoría de preferencia", lo cual implica que no siempre hay disponibilidad de visas.

Hay que tener en cuenta que, aunque el Servicio de Ciudadanía e Inmigración de los Estados Unidos (USCIS, por sus siglas en inglés) apruebe una petición de residencia permanente, es posible que no haya una visa disponible y que la persona tenga que esperar hasta que haya una. En muchos casos, pueden pasar años hasta que haya una visa disponible, aunque se haya aprobado la petición.

LÍMITE DE VISAS

Las leyes de inmigración de los Estados Unidos limitan el número de inmigrantes que se admiten al país cada año, pero la asignación de esas visas no se realiza al azar.

El proceso se hace en base a una fórmula complicada que puede cambiar de año a año. Esa fórmula toma en cuenta los límites numéricos, las categorías de preferencia e incluye prioridades económicas entre los criterios de admisión.

La INA asigna 140.000 visas anuales para visas de empleo que llevan a la residencia legal permanente. También estipula que cada país está sujeto a un límite numérico de 7% del total mundial de admisiones de inmigrantes.

LÍMITE DE VISAS POR PAÍS

La ley limita el número de visas según el país de origen del solicitante. Existe un máximo de visas que se le puede otorgar a las personas procedentes de un mismo país. El límite se calcula cada año fiscal, en función al número total de visas disponibles para peticiones familiares y de empleo.

El número de visas que se permite emitir a personas de un mismo país no puede exceder un 7% del total de las visas emitidas cada año fiscal. Sin embargo, esa cuota pautada no implica que un determinado país tenga derecho al número máximo de visas cada año, sino que simplemente indica que no puede recibir más que ese número.

El Gobierno de los Estados Unidos trata de ser equitativo en la distribución de visas para que no sea un solo país el que se lleva la mayoría. El objetivo es darle la misma oportunidad a inmigrantes de diversas naciones.

QUIÉN DISTRIBUYE LAS VISAS DE INMIGRANTE

La Oficina de Visas del Departamento de Estado de los Estados Unidos es la agencia que distribuye el número de visas de inmigrante según la fecha de preferencia y prioridad. Todos los meses, el Departamento de Estado actualiza el Boletín de Visas que establece estos números.

DISTRIBUCIÓN DE VISAS

Debido a que la demanda es superior al número de visas disponibles, el Departamento de Estado distribuye las visas de inmigrante en base a la categoría de preferencia y a la fecha de prioridad. Básicamente, le entregan al solicitante un número y le dicen que tiene que esperar su turno.

Actualmente, estas son las cantidades de visas disponibles anualmente por categorías:

> Por preferencia familiar: hay un límite de 226.000 por año.
> Visas de trabajo: hay un límite de 140.000 por año.
> Lotería de visas: hay un límite de 55.000 por año.

FECHAS DE PRIORIDAD

La fecha de prioridad es la fecha que se usa para determinar el turno de una persona para recibir su visa de inmigrante que conlleva a la residencia permanente.

Cuando el USCIS comienza a procesar peticiones entregadas en esa fecha, entonces se considera que la fecha de prioridad está vigente y la persona será elegible para una visa de inmigrante. El tiempo que tendrá que esperar el solicitante para recibir una visa de inmigrante o ajuste de estatus depende de la oferta y demanda de números de visas de inmigrantes, el límite de visas por país y el número de visas asignadas a su categoría de preferencia.

FECHAS DE PRIORIDAD PARA PETICIONES FAMILIARES

En casos de peticiones familiares, la fecha de prioridad se da cuando el USCIS recibe una petición completa y la acepta. Para que el USCIS acepte la petición, esta debe contener las firmas requeridas, la cuota (el pago por el servicio) y la documentación de apoyo necesaria en el momento de la presentación.

Podrá encontrar su fecha de prioridad en el Formulario I-797, Aviso de acción (Notice of Action), que el USCIS le envía para notificarle que recibieron y aceptaron la petición. Por ejemplo, si una persona presentó una petición y esta fue aceptada por el USCIS el 5 de enero de 2001, esa es su fecha de prioridad.

FECHAS DE PRIORIDAD PARA PETICIONES DE EMPLEO

En casos de peticiones de empleo que requieren certificación laboral, como en la mayoría de los casos EB-2 y todos los casos EB-3, la fecha de prioridad se establece cuando se presenta una petición de certificación laboral ante el Departamento de Trabajo de los Estados Unidos y es aceptada.

Si la petición de visa de empleo no requiere certificación laboral, como en los casos EB-1, entonces la fecha de prioridad se da cuando el USCIS acepta la petición debidamente presentada.

Una vez que se acepta la petición de certificación laboral, el Departamento de Trabajo le enviará una carta notificándole que recibió la solicitud, indicando cuál es su fecha de prioridad.

BOLETÍN DE VISAS

El Departamento de Estado de los Estados Unidos publica un informe mensual que especifica la disponibilidad y fecha de prioridad de visas de inmigrante que actualmente están listas para ser procesadas. Este informe se conoce como el Boletín de Visas y es útil para averiguar cuánto tiempo de demora hay para cada uno de los distintos tipos de solicitudes para una visa de inmigrante.

El boletín ordena las fechas de prioridad de los solicitantes según las categorías de visas: por medio de familia, de empleo y de diversidad (lotería de visas). Además establece la fecha límite, a partir de la cual no habrá visas disponibles para cada una de las categorías.

El Boletín de Visas sirve como una guía para emitir visas en los consulados y embajadas de los Estados Unidos.

El USCIS también utiliza esta guía para determinar si puede aceptar o adjudicar una Solicitud de registro de residencia permanente o ajuste de estatus (Formulario I-485). Para poder aceptar o adjudicar el Formulario I-485, tiene que haber una visa disponible tanto en el momento en que una persona presenta el formulario, como en el momento de la decisión final sobre la solicitud.

Si está esperando su turno para una visa, el Boletín de Visas le permite monitorear el movimiento de las fechas límite para saber cuándo se está procesando su fecha de prioridad. El informe mensual actualiza las fechas para las distintas categorías en base a los países de origen de los inmigrantes, el número de visas que se han emitido hasta el momento y un estimado de la demanda de visas.

CÓMO LEER EL BOLETÍN DE VISAS

En la gráfica de esta página puede ver un ejemplo del Boletín de Visas para peticiones familiares de abril de 2013.

Los inmigrantes de México, China, India y Filipinas son los que someten la mayor cantidad de peticiones para visas de inmigrante, por lo que cuentan con columnas individuales en el boletín. Para todos los demás países, la fecha límite entra en una sola columna.

El límite de visas por país de origen significa que si el solicitante proviene de un país con un alto número de peticiones de inmigrante, como México, por ejemplo, la espera es más larga. Por ejemplo, si el solicitante de una petición familiar es mexicano, hijo soltero mayor de veintiún años de un ciudadano estadounidense, entra en la categoría F1 de preferencia familiar.

BOLETÍN DE VISAS DE ABRIL DE 2013

Categoría de petición familiar	Todos los países menos los listados	China	India	México	Filipinas
F1	08MAR06	08MAR06	08MAR06	01AUG93	15FEB99
F2A	15DEC10	15DEC10	15DEC10	15DEC10	15DEC10
F2B	08APR05	08APR05	08APR05	22FEB93	15JUL02
F3	22JUL02	22JUL02	22JUL02	22MAR93	01OCT92
F4	01MAY01	01MAY01	01MAY01	01SEP96	15AUG89

Según este boletín de visas, recién se estaban procesando peticiones F1 presentadas antes del 1 de agosto de 1993. Eso quiere decir que hay aproximadamente una espera de veinte años para hijos de ciudadanos estadounidenses que sean mexicanos, mayores de veintiún años.

Pero si ven la categoría F4, que es para hermanos de un ciudadano estadounidense, hay tres años menos de espera. Se estaban procesando solicitudes que se presentaron antes del 1 de septiembre de 1996. Puede haber muchas razones por las que la categoría de hermanos tenía menos tiempo de espera que la de hijos de ciudadanos estadounidenses. Hay que tener en cuenta que, a veces, aunque algunas categorías tienen mayor prioridad que otras, la disponibilidad también depende del número de visas que se solicitan en una categoría. Si hay una saturación o exceso de solicitudes, ocasionará más demoras.

VISAS DISPONIBLES

Si la demanda es menor a la cantidad de visas disponibles dentro de una categoría de preferencia y de la cuota de un país, entonces la visa de inmigrante está vigente.

Dentro del Boletín de Visas se marca una visa vigente con la letra "C", por *current*, que significa "vigente" en inglés. Cuando la visa está vigente, hay una visa disponible para esa categoría.

VISAS NO DISPONIBLES

Cuando la demanda supera el límite de visas disponibles para una determinada categoría o cuota de un país, la Oficina de Visas considera que esa categoría o país está en "exceso de solicitudes" o saturada (en inglés se lo llama *oversubscribed*) y se debe imponer una fecha límite.

Bajo estas circunstancias, solo se les dará un número de visa de inmigrante a las personas que hayan presentado solicitudes de ajuste de estatus o de proceso consular si tienen una fecha de prioridad anterior a la que aparece en el Boletín de Visas.

Si una visa no está disponible, en la tabla del Boletín de Visas aparecerá la letra "U", por *unavailable*, que significa "no disponible" en inglés.

RETROCESO DE VISAS

Generalmente, las fechas límite en el Boletín de Visas avanzan de mes a mes. Pero este no es siempre el caso. Hay veces en que una fecha de prioridad que está vigente un mes no lo está al mes siguiente.

Esto sucede cuando hay un gran número de personas que solicitan visas en una categoría o de un país en particular y no hay suficientes visas disponibles ese mes para satisfacer la demanda. Esto hace que el Boletín de Visas tenga que ajustarse, haciendo que las fechas límite retrocedan en vez de adelantarse. Este movimiento hacia atrás se llama retroceso o regresión de visas. El retroceso de visas ocurre con mayor frecuencia cuando se alcanza el límite anual, normalmente hacia fines del año fiscal.

Cuando comienza el nuevo año fiscal el 1 de octubre, hay un nuevo suministro de visas disponibles. Por lo general, al haber más visas disponibles, las fechas avanzan adonde estaban antes de la regresión. Pero, a veces, esto no sucede. Por eso, es importante actuar rápidamente. Apenas vea que el Gobierno está procesando solicitudes que corresponden a su fecha de prioridad, pida la visa enseguida. Recuerde, si muchas personas piden sus visas en un mismo mes, podrían agotarse y ocasionar una regresión de visas.

CÓMO PROCESAN EL USCIS O LAS EMBAJADAS LOS CASOS DE VISAS RETROCEDIDAS

Cuando llega el momento de la entrevista en la oficina de inmigración o en el consulado en el exterior, el oficial evaluará si el inmigrante es elegible para la visa de inmigrante. Si cumple con los requisitos de la visa, por lo general, el caso es aprobado.

Si el caso es aprobado y hay una visa disponible, le otorgan la visa al solicitante. Pero cuando hay un retroceso de visas, su caso quedará suspendido hasta que nuevamente haya una visa disponible.

Cuando hay un retroceso de visas, el impacto es mayor para los inmigrantes que solicitan una visa en el exterior dada la prolongada separación de familiares, etc. El inmigrante debe permanecer en el exterior hasta que haya una visa disponible para ser entrevistado y que le otorguen una visa de inmigrante.

Cuando se solicitan las visas de inmigrante dentro de los Estados Unidos, estas son procesadas de forma diferente si hay retrocesos de visas. Si la revisión de su Formulario I-485 no requiere una entrevista en persona en una oficina del USCIS, su caso permanecerá en el Centro de Servicio del USCIS donde inicialmente presentó su solicitud hasta que haya una visa disponible.

Si ya lo entrevistaron en una oficina del USCIS y la visa no estaba disponible en ese momento, entonces el USCIS puede mantener su caso en espera en los siguientes lugares hasta que haya una visa disponible:

1. Los casos de peticiones familiares afectados por una regresión de visas permanecerán en el Centro Nacional de Beneficios (National Benefits Center) hasta que se realice la entrevista y se finalicen otros pasos del procesamiento.
2. Los casos de peticiones de empleo afectados por una regresión de visas permanecerán en el Centro de Servicio de Texas (Texas Service Center) una vez finalizada la entrevista y otros pasos del procesamiento.

El USCIS finalizará el procesamiento de casos afectados por una regresión de visas cuando las fechas de prioridad de los solicitantes estén vigentes y haya visas disponibles. La disponibilidad de visas aparecerá en el Boletín de Visas del mes en curso.

La demora podría hacer que el USCIS necesite actualizar la información de un solicitante. En tal caso, enviará una notificación por correo postal para pedir más pruebas o dar aviso de la fecha de la entrevista. Por eso, es muy importante que el USCIS tenga su dirección actualizada.

INTERCAMBIO DE ELEGIBILIDAD DE PAÍS (*CROSS-CHARGEABILITY*)

Para la mayoría de las personas, el país de elegibilidad es su país de origen, o sea donde nació. Eso quiere decir que la elegibilidad de un inmigrante se determina en función del país de su nacimiento, no del país donde tiene su actual ciudadanía o donde vive.

Pero la ley de inmigración da lugar a una excepción que permite otorgar una visa de inmigrante al solicitante principal atribuyéndoselo al país de origen del cónyuge que lo está acompañando, si el país donde nació el cónyuge tiene o va a tener visas disponibles más rápidamente. Este intercambio de elegibilidad de país en inglés se conoce como *cross-chargeability*.

En cuanto a los hijos de la pareja incluidos en una solicitud de inmigrante, se les puede atribuir como país de elegibilidad el país de cualquiera de los padres. Sin embargo, el país de nacimiento de los hijos no les ofrece el beneficio de intercambio de país a sus padres.

15

Ajuste de estatus

La Ley de Inmigración y Nacionalidad (INA, por sus siglas en inglés) permite que un inmigrante solicite la residencia permanente estando dentro de los Estados Unidos, bajo ciertas condiciones. Hacer este cambio inmigratorio dentro del país por lo general se permite si la persona fue inspeccionada y admitida o se le otorgó permiso condicional para ingresar a los Estados Unidos y cumple con todos los requisitos necesarios para una tarjeta verde (de residencia permanente) en una categoría en particular. El proceso por el cual se puede hacer este cambio de estatus dentro de los Estados Unidos se llama "ajuste de estatus".

El primer paso en el proceso de ajuste de estatus es determinar si usted está dentro de una categoría específica de inmigrante que le permita realizar el trámite.

La mayoría de los inmigrantes son elegibles para obtener una tarjeta verde por medio de una petición familiar o por trabajo. Otros consiguen la residencia permanente tras haber anteriormente obtenido estatus de refugiado o asilado, o por medio de distintas provisiones especiales, tales como la VAWA y las visas T y U.

Las personas que cumplen con los requisitos para el ajuste de estatus tendrán que llenar el Formulario I-485, Solicitud de registro de residencia permanente o ajuste de estatus, y entregarlo al Servicio de Ciudadanía e Inmigración de los Estados Unidos (USCIS, por sus siglas en inglés) o a la corte de inmigración dependiendo de dónde esté solicitando su residencia permanente. Por ejemplo, las personas que están en proceso de deportación, por lo general tendrán que solicitar la residencia permanente frente a un juez de inmigración.

Si no califica para hacer un ajuste de estatus dentro de los Estados Unidos, tendrá que realizar el trámite para la residencia permanente por medio del proceso consular (ver el capítulo 16, "Proceso consular").

Es indispensable que antes de comenzar el trámite se asesore con un abogado para estar seguro de cumplir con los requisitos para solicitar la residencia permanente dentro de los Estados Unidos.

¿QUIÉN ES ELEGIBLE PARA UN AJUSTE DE ESTATUS?

No todo inmigrante que es elegible para la residencia permanente puede hacer el trámite mientras está dentro de los Estados Unidos. Para poder hacerlo, debe cumplir con una serie de requisitos.

Las siguientes categorías de inmigrantes son elegibles para hacer un ajuste de estatus:

1. En base a una petición de inmigrante
Una persona puede solicitar un ajuste de estatus si hay un número de visa de inmigrante inmediatamente disponible basado en una petición de inmigrante aprobada; o está presentando esta solicitud junto a una petición de familiar completa, petición de inmigrantes menores especiales o petición de inmigrante militar especial que, de aprobarse, le habilitaría inmediatamente un número de visa de inmigrante.

2. En base a ser el cónyuge o hijo (derivado)
Los cónyuges o hijos obtienen el derecho de solicitar el ajuste de estatus en el momento en que el solicitante principal presenta la solicitud para el ajuste o en el momento en que le otorgan a esa persona la residencia permanente. Esto, siempre y cuando la categoría de inmigrante bajo la cual se hizo la solicitud permita extender beneficios derivados a los cónyuges e hijos del peticionario.

Si el cónyuge o hijo está en los Estados Unidos y es elegible para solicitar ajuste de estatus, deberá entregar su propio Formulario I-485 junto con las cuotas y evidencia requeridas para el trámite, si es que hay un número de visa disponible.

Si el cónyuge o hijo vive en el extranjero, la persona haciendo el ajuste de estatus en los Estados Unidos debe presentar el Formulario I-824, Solicitud de acción para una solicitud o petición aprobada (Application for Action on an Approved Application or Petition), junto con su Formulario I-485, para que sus familiares derivados puedan inmigrar a los Estados Unidos sin demoras si le aprueban la solicitud.

La cuota para el Formulario I-824 no será reembolsada si no se aprueba la solicitud de ajuste.

3. En base a una visa de prometidos

Una persona puede solicitar el ajuste de estatus si fue admitida a los Estados Unidos con una visa K-1 (visa de prometidos), siendo la novia o el novio de un ciudadano de los Estados Unidos y habiéndose casado con ese ciudadano dentro de los noventa días después de su ingreso al país.

Los hijos de un prometido, admitidos al país con una visa K-2, también pueden solicitar un ajuste de estatus basado en el Formulario I-485 de sus padres.

4. En base a estatus de asilo

Se puede solicitar un ajuste de estatus después de haber obtenido asilo en los Estados Unidos, si la persona ha estado físicamente presente en los Estados Unidos durante un año después de haber obtenido el asilo. Esto siempre y cuando continúe calificando como asilado o como el cónyuge o hijo de un asilado.

5. En base a estatus de refugiado

Una persona puede solicitar un ajuste de estatus después de haber sido admitido como refugiado y haber estado físicamente presente en los Estados Unidos durante un año a partir de su admisión, siempre y cuando su estatus esté vigente y no haya sido terminado.

6. En base a la ciudadanía o nacionalidad cubana

Una persona puede solicitar un ajuste de estatus si es ciudadana o es originaria de Cuba. También puede hacerlo si fue admitida o le fue otorgada la libertad condicional en los Estados Unidos después del 1 de enero de 1959, y a partir de entonces ha estado físicamente presente en los Estados Unidos por lo menos un año.

Los cónyuges o hijos solteros menores de veintiún años de un ciudadano cubano, independientemente de su nacionalidad, también califican para ajuste de estatus si fueron admitidos o les fue otorgada la libertad condicional después del 1 de enero de 1959, y a partir de entonces han estado físicamente presentes en los Estados Unidos por lo menos un año.

7. Si está solicitando cambiar la fecha en que comenzó su residencia permanente

Si es ciudadano u originario de Cuba y le otorgaron la residencia permanente en los Estados Unidos antes del 6 de noviembre de 1966, o es cónyuge o hijo soltero de una persona que cumple con esas condiciones, puede pedir que cambien la fecha de inicio de su residencia legal permanente para que esta coincida con la fecha de su llegada a los Estados Unidos o que quede marcada como el 2 de mayo de 1964 —cualquiera sea la fecha más tarde.

8. En base a la residencia continua desde antes del 1 de enero de 1972

Una persona puede solicitar la residencia permanente si ha residido continuamente en los Estados Unidos desde el 1 de enero de 1972. Esto se conoce como "registro" (*registry*).

Si no califica dentro de una de las categorías anteriores, pero cree que puede ser elegible para el ajuste o la creación de registro de residencia permanente, consulte con un abogado para evaluar sus opciones.

¿QUIÉNES NO SON ELEGIBLES?

Salvo algunas excepciones, las personas no son elegibles para ajuste de estatus bajo las siguientes condiciones:

➤ Entró a los Estados Unidos sin visa, en tránsito a otro país.

➤ Entró a los Estados Unidos como no inmigrante siendo un miembro de una tripulación.

➤ No fue admitido al país ni le fue otorgada la libertad condicional tras una inspección por un oficial de inmigración.

➤ Expiró su estancia autorizada antes de presentar una Solicitud I-485.

➤ Estaba empleado en los Estados Unidos sin autorización del USCIS antes de presentar esta solicitud.

➤ No mantuvo su estatus de no inmigrante, a menos que: haya sido por causas de fuerza mayor; esté presentando una solicitud porque es un familiar inmediato (padre, cónyuge, viudo o hijo soltero menor de veintiún años) de un ciudadano estadounidense, el prometido o su hijo que se casó con un peticionario ciudadano dentro de los noventa días de la admisión, o un no inmigrante con visa H o I o un inmigrante especial.

➤ Fue admitido con una visa K-1 para prometidos, pero no se casó con el ciudadano estadounidense que presentó su petición; o es el hijo del prometido, admitido con una visa K-2, pero el padre que lo peticionó no se casó con el ciudadano de los Estados Unidos.

➤ Es o fue un visitante de intercambio con una visa J-1 o J-2, está sujeto al requisito de dos años de residencia extranjera y no ha cumplido o no le han concedido una exención de requisitos.

➤ Tiene estatus de no inmigrante A, E o G, o tiene una ocupación que le permite tener ese estatus, a no ser que complete el Formulario I-508 para renunciar a sus derechos diplomáticos, privilegios e inmunidades; y, si usted es un no inmigrante A o G, a menos que envíe un Formulario I-566.

➤ Fue admitido a Guam como visitante bajo el programa de exención de visas de Guam.

➤ Fue admitido a los Estados Unidos como visitante bajo el Programa de Exención de Visas, a no ser que esté tramitando una solicitud porque es un familiar inmediato (padre, cónyuge, viudo o hijo soltero menor de veintiún años) de un ciudadano de los Estados Unidos.

➤ Ya es residente permanente condicional.

SECCIÓN 245(I) DE LA INA

Por lo general, la ley de inmigración requiere que cuando una persona solicita el ajuste de estatus haya entrado legalmente a los Estados Unidos y no haya violado ciertas leyes de inmigración, incluyendo el haber trabajado sin autorización durante su estadía en el país.

Las personas que no son elegibles para hacer el ajuste de estatus dentro los Estados Unidos, tendrán que salir fuera del país para obtener su residencia permanente. Al salir fuera del país, las personas podrían estar sujetas a lo que comúnmente se llama "ley del castigo" (*unlawful presence bar*), la cual penaliza a aquellas personas que hayan estado ilegalmente en el país por más de 180 días consecutivos después del 1 de abril de 1997. Esta ley no permite el reingreso a los Estados Unidos por un período de tres a diez años. Existen excepciones.

El Gobierno puede otorgar una exención o perdón a la ley del castigo, conocido como "*waiver*", si el ciudadano o residente permanente de los Estados Unidos demuestra que la separación de su familiar le ocasionaría un "sufrimiento extremo", ya sea económico, de salud o humanitario, entre otros. Vea el capítulo 12, "Inelegibilidades y exenciones (*waivers*)", para mayor información sobre cómo obtener un perdón para la ley del castigo.

La sección 245(i) de la INA ayuda a ciertas personas que por lo general no serían elegibles para hacer el ajuste de estatus dentro de los Estados Unidos.

Para calificar, tiene que haber presentado ciertas clases de solicitudes, incluyendo una certificación laboral y peticiones familiares o de empleo antes del 1 de mayo de 2001. Además, tiene que ser admisible al país y haber entrado a los Estados Unidos antes del 22 de diciembre de 2000 si su solicitud fue sometida después del 14 de enero de 1998.

La persona que solicita ajuste de estatus por medio de la sección 245(i) podría estar sujeta a condiciones adicionales, incluyendo el pago de multas. Es de suma importancia que consulte con un abogado de inmigración antes de comenzar el trámite.

CÓMO SOLICITAR AJUSTE DE ESTATUS

Para solicitar el ajuste de estatus tiene que completar el Formulario I-485. El beneficio inmigratorio que solicitó inicialmente dictará cómo debe completar el Formulario I-485 y qué evidencia de apoyo deberá enviar al USCIS.

El Formulario I-485 requiere información biográfica e inquiere sobre el historial del solicitante para determinar si la persona es admisible a los Estados Unidos.

Deberá incluir la siguiente documentación con la solicitud:

> Copia de su certificado de nacimiento.
> Copia de la página del pasaporte con visa de no inmigrante y Formulario I-94.
> Dos fotografías a color tomadas dentro de los treinta días antes de enviar la solicitud.
> Formulario G-325, Información biográfica.
> Evidencia de elegibilidad en base a la petición presentada (petición de inmigrante, asilo, etc.).
> Autorizaciones de la policía.
> Expedientes de antecedentes penales.
> Carta de sostenimiento o carta de empleo.
> Formulario I-693, Informe médico y de vacunación.
> Huellas digitales.

Copia de su certificado de nacimiento
Este documento es importante para comprobar su identidad y/o el parentesco con el ciudadano o residente estadounidense que lo está peticionando.

Copia del pasaporte, visa de no inmigrante y Formulario I-94

Si entró con una visa de no inmigrante a los Estados Unidos, deberá enviar una copia de la página del pasaporte que muestra la visa y cualquier sello de entrada que le hayan dado en aduanas al entrar al país.

Si en aduanas le entregaron el Formulario I-94, Registro de Entrada y Salida, al entrar al país, deberá incluir una copia de este documento junto con su solicitud. Este formulario se le entrega a las personas que entran a los Estados Unidos como visitantes sin fines inmigratorios. El formulario requiere que se incluyan datos biográficos, como nombre, fecha de nacimiento, país de origen y ciudadanía

Fotografías

Tendrá que mandar dos fotos idénticas, de color, tipo pasaporte, tomada dentro de los treinta días antes de enviar su solicitud.

Formulario G-325A

Si tiene entre catorce y setenta y nueve años de edad, tendrá que enviar el Formulario G-325A, hoja de datos biográficos. Este formulario requiere su información biográfica básica, tal como sus nombres, información de sus padres, su actual o anterior cónyuge, y la dirección de los sitios donde ha vivido y trabajos dentro de los últimos cinco años.

Evidencia de elegibilidad en base a la petición presentada

Deberá incluir la siguiente documentación para demostrar su elegibilidad para solicitar ajuste de estatus:

> ➤ *En base a una petición de inmigrante.* Adjunte una copia de la notificación de aprobación de una petición de inmigrante, que hace que un número de visa esté disponible inmediatamente para usted, o envíe la petición de familiar completa, petición de inmigrantes menores especiales, o petición de inmigrante militar especial que, de aprobarse, le habilitaría inmediatamente un número de visa de inmigrante.

> ➤ *En base a ser cónyuge o hijo (derivado).* Presente su solicitud junto con la solicitud de su familiar que está solicitando ajuste de estatus, o con evidencia de que la solicitud está pendiente con el USCIS o fue aprobada, o con evidencia de que a su cónyuge o padre se le concedió la residencia permanente basada en una visa de inmigrante.

Si usted está solicitando como cónyuge de esa persona, también adjunte una copia de su acta de matrimonio. Si anteriormente estuvieron casados, deberá enviar copias de sus actas de divorcio.

Si usted está solicitando como hijo de esa persona, también adjunte una copia de su acta de nacimiento, decreto de adopción u otra evidencia que demuestre claramente la relación familiar.

➤ *En base a una visa de prometidos.* Adjunte copias de la carta de aprobación de la solicitud de visa de prometidos, su acta de matrimonio y su Formulario 1-94.

➤ *En base a estatus de asilo.* Adjunte una copia de la orden del juez de inmigración o el Formulario 1-94 que muestra la fecha en la que se le concedió asilo.

➤ *En base a estatus de refugiado.* Adjunte una copia del Formulario 1-94 que muestra la fecha en la que se le concedió estatus de refugiado.

➤ *En base a la ciudadanía o nacionalidad cubana.* Adjunte prueba de su ciudadanía o nacionalidad, como una copia de su pasaporte, certificado de nacimiento o documento de viaje.

➤ *En base a la residencia continua desde antes del 1 de enero de 1972.* Adjunte copias de las pruebas que demuestren su residencia continua desde antes del 1 de enero de 1972.

Autorizaciones de la policía

Si usted está solicitando un ajuste de estatus como miembro de una clase especial que se describe en el formulario complementario del Formulario I-485, debe leer las instrucciones de ese formulario para determinar si necesita obtener y presentar autorizaciones de la policía junto con su solicitud, además de las ya requeridas huellas digitales.

Expedientes de antecedentes penales

Si alguna vez lo arrestaron o detuvieron por cualquier razón, y no se presentaron cargos, deberá presentar una declaración oficial original por la agencia de arresto o una orden judicial que confirme que no se presentaron cargos.

Si fue arrestado o detenido y presentaron cargos en su contra, o presentaron cargos sin haberlo arrestado, tiene que entregar el original, o una copia certificada por el tribunal del expediente de arresto completo, y todas las disposiciones sobre cada caso en su historial.

Si alguna vez fue condenado o colocado en un programa de rehabilitación, tendrá que presentar el original o copia certificada de la sentencia de cada incidente y evidencia de que completó su sentencia.

Si fue arrestado pero el arresto o la condena fueron anulados, descartados, sellados, cancelados o eliminados de su expediente, deberá presentar el original o copia certificada de la orden judicial que certifique lo anterior, o una declaración original del tribunal asegurando que no existe ningún registro de su arresto o condena.

No es necesario presentar documentación sobre multas de tránsito o incidentes donde no hubo un arresto, si fue multado menos de $500 y le quitaron puntos de su licencia, a no ser que la causa de un incidente de tráfico haya sido por alcohol o drogas.

Carta de sostenimiento o carta de empleo

Uno de los requisitos para que se apruebe la residencia es demostrar que no será una carga pública en los Estados Unidos. Por eso, el USCIS requiere que un familiar u otra persona se haga responsable económicamente de usted una vez que obtenga la residencia permanente en los Estados Unidos. Con ese fin, debe incluir el compromiso de esa persona por escrito. Puede ser por medio de la carta de sostenimiento (*affidavit of support*) o una carta de empleo.

A ciertas categorías de inmigrantes no se les requiere proveer cartas de sostenimiento o cartas de empleo. Están exentas las personas que están solicitando:

> ➤ La creación de un registro que demuestre que ha vivido de forma contínua en los Estados Unidos desde antes del 1 de enero de 1972.
> ➤ El ajuste de estatus por ser asilado o refugiado.
> ➤ El ajuste de estatus por ser un ciudadano cubano o un cónyuge o hijo soltero menor de veintiún años de un ciudadano cubano que ingresó después del 1 de enero de 1959.

Si la solicitud de ajuste de estatus está ligada a una visa de trabajo, debe enviar una carta de su futuro empleador que confirme que el empleo que se le ofreció aún esta disponible para usted. Además, la carta debe incluir el salario que se le va a pagar. Para mayor información, ver el capítulo 17, "Carta de sostenimiento".

Exámenes médicos y vacunas

Por lo general, se requiere que se incluya el informe de su examen médico (Formulario I-693) junto con la solicitud de ajuste de estatus (Formulario I-485), a no ser que la persona sea refugiada. Los refugiados solo deben someter el registro de vacunación, a no ser que en el examen médico realizado en el exterior se haya identificado alguna condición médica que requiera incluir todo el informe médico.

Tampoco se requiere el informe médico para las personas que hayan vivido continuamente en los Estados Unidos desde el 1 de enero de 1972.

Antes de ir a su entrevista de ajuste de estatus, tendrá que hacer una cita con un médico autorizado por el USCIS para que le realicen un examen médico y recibir las vacunas necesarias. El USCIS no acepta resultados de exámenes médicos realizados por doctores no autorizados por el Gobierno de los Estados Unidos. Puede encontrar la lista de médicos autorizados en las siguiente página web: 1.usa.gov/W5Wym9.

El examen médico incluye una revisión de la historia clínica del solicitante, examen físico, radiografía de tórax y análisis de sangre. El USCIS requiere este examen para determinar si el solicitante es un riesgo a la salud pública. Si el médico que realiza el examen determina que usted tiene alguna enfermedad que puede perjudicar la salud de otros al entrar al país, lo considerarán "no admisible" y no le darán la visa para ingresar a los Estados Unidos.

El Gobierno de los Estados Unidos considera a una persona "no admisible" por condiciones médicas bajo las siguientes circunstancias:

> La persona tiene una enfermedad contagiosa de gran peligro para la salud pública, entre ellas la tuberculosis y enfermedades venéreas como la sífilis.
> Falta de todas las vacunas requeridas.
> Desórdenes físicos o mentales que producen comportamiento peligroso.
> Abuso de drogas o drogadicción.

Cuando el médico termina el examen, le tiene que entregar al solicitante el Formulario I-693 completado dentro de un sobre sellado. No lo acepte si no está en un sobre sellado. El USCIS rechazará el formulario si no está en un sobre sellado, ante la posibilidad que el contenido pueda haber sido alterado.

Por lo general, los resultados del examen médico sólo son válidos por doce meses. Haga lo posible por programar sus exámenes lo más cerca posible del momento en que presentará su solicitud de cambio de estatus. Asimismo, asegúrese de coordinarlos dando suficiente tiempo a que el laboratorio le pueda entregar resultados de pruebas requeridas (como exámenes de sangre).

Es su responsabilidad, no la del médico, presentar el Formulario I-693 al USCIS. Los costos del examen médico corren por cuenta del solicitante.

Vacunas necesarias

La ley de inmigración de los Estados Unidos requiere que todo extranjero que solicita una visa de inmigrante reciba ciertas vacunas para prevenir enfermedades contagiosas.

Las vacunas requeridas son las siguientes:

> ➤ Paperas
> ➤ Sarampión
> ➤ Rubeola
> ➤ Polio
> ➤ Toxoides tetánico y diftérico
> ➤ Tos ferina
> ➤ Haemophilus influenzae tipo B
> ➤ Hepatitis B

Es posible que se agreguen otras vacunas para enfermedades prevenibles, si son recomendadas por el Comité Asesor de Prácticas de Inmunización.

Huellas digitales

Después de haber presentado su solicitud, recibirá un aviso para comparecer en el Centro de Apoyo para Solicitudes (ASC, por sus siglas en inglés) para la prueba biométrica (huellas digitales). Esto generalmente requiere que le tomen una foto, las huellas digitales y que obtengan su firma. Esta información se usará para completar investigaciones de seguridad y, llegado el momento, para la creación de su tarjeta verde, autorización de empleo (permiso para trabajar) o permiso de reingreso.

COSTOS

Actualmente, el costo de la solicitud de ajuste de estatus es de $985. Además tiene que pagar $85 para que procesen sus huellas digitales, llegando a un total de $1.070.

El costo es solamente de $985 si el solicitante tiene setenta y nueve años o más o es menor de catorce años de edad y presenta el Formulario I-485 independientemente de otros miembros de la familia. El costo es $635 para menores de catorce años que están solicitando ajuste de estatus junto con sus padres por medio de ciertas solicitudes familiares o de empleo. Puede que tenga que pagar una multa adicional de $1.000 si está haciendo su solicitud por medio de la sección 245(i) de la INA. Los refugiados no tienen que pagar para solicitar ajuste de estatus.

Puede enviar un pago que cubra ambas cuotas del Formulario I-485 y huellas digitales.

En algunos casos, el USCIS permite la exención o dispensa de tarifas (*fee waivers*) para trámites inmigratorios a personas que pueden comprobar que tienen poco dinero o son de bajos recursos. Las personas que quieran intentar obtener una exención de cuotas tendrán que completar el Formulario I-912, Petición de Dispensa de Tarifas. Ese formulario identifica los requisitos para justificar y documentar una solicitud de exención de cuotas. El hecho de llenar y enviar este formulario no garantiza que el USCIS apruebe su petición.

FORMA DE PAGO

Las tarifas del USCIS deben pagarse por cheque o giro postal (*money order*). Estos tienen que ser emitidos por un banco o institución financiera dentro de los Estados Unidos y pagaderos al "U.S. Department of Homeland Security", a menos que viva en Guam o las Islas Vírgenes. En esos casos, el cheque o giro postal deberá ser pagadero al "Treasurer of Guam" o al "Commissioner of Finance of the Virgin Islands".

Las tarifas de la solicitud de ajuste de estatus también cubren el permiso de empleo y el permiso de reingreso.

Si paga por medio de cheque, asegúrese de tener fondos. Si no, su solicitud será rechazada y es muy probable que el banco le cobre multas por enviar un cheque sin fondos. Debe firmar la solicitud e incluir las tarifas requeridas para el trámite para que su solicitud sea aceptada. La solicitud no se considerará debidamente presentada hasta que el USCIS la acepte. Una vez que el USCIS acepte la solicitud, los agentes la revisarán para estar seguros de que incluye la documentación necesaria y que los formularios han sido debidamente completados.

También es posible que le pidan más evidencia o requieran que se haga una entrevista en persona. De ser así, le mandarán una notificación informándole la fecha límite para entregar la documentación o presentarse a su entrevista. Recuerde que si llega a ir a una entrevista, será puesto bajo juramento. Es muy importante que siempre hable con la verdad. Si llega a mentir bajo juramento, es perjurio y esto está penado por la ley. Además, podría perjudicar su caso y ser causa para rechazar su petición.

Antes de presentar cualquier solicitud inmigratoria al USCIS debe consultar con un abogado de inmigración para asegurarse de estar haciendo lo correcto y de que la solicitud tiene fundamentos para proceder. De lo contrario, es un desperdicio de dinero y puede perjudicar su situación.

Para someter la solicitud de ajuste de estatus debe tener una dirección en los Estados Unidos.

DÓNDE ENVIAR LA SOLICITUD DE AJUSTE DE STATUS

La solicitud tiene que ser enviada a direcciones especiales del USCIS, dependiendo del lugar donde viva y el beneficio que esté solicitando. En el Formulario I-485 encontrará instrucciones acerca de adónde debe de enviar su solicitud.

TRADUCCIONES Y COPIAS DE DOCUMENTOS

Todo documento que no esté en inglés debe estar acompañado de una traducción completa y una certificación del traductor que indique que la traducción es completa y correcta. Además, el traductor debe certificar que es competente para hacer la traducción.

El USCIS por lo general requiere que se adjunten copias de los documentos originales que deben enviarse con la solicitud. Bajo ciertas circunstancias, le pueden pedir los documentos originales y, por lo tanto, deben estar disponibles. Si esto llega a ocurrir, el USCIS le regresará los documentos originales cuando ya no los necesite.

ENTREVISTA

Por lo general, usted tendrá una entrevista con un oficial de inmigración. El USCIS le enviará una notificación indicando la fecha, hora y lugar para una entrevista con el USCIS. Una vez allí tendrá que responder, bajo juramento, preguntas sobre su solicitud.

Debe acudir a todas las entrevistas que le indique el USCIS, cuando reciba una notificación al respecto.

Cuando usted llegue a su entrevista, deberá llevar una identificación, los originales de todos los documentos presentados con su solicitud, incluyendo pasaportes, documentos oficiales de viaje y el Formulario I-94, sin importar que hayan expirado. Si usted tramitó una petición usando el Formulario I-130 para un familiar, esa persona también debe presentarse con usted a la entrevista a menos que el USCIS no lo requiera.

No todas las solicitudes requieren una entrevista. Los oficiales del USCIS son los que evalúan y determinan qué casos están exentos.

DECISIÓN FINAL

Una vez que el USCIS reciba todos los documentos, haya realizado las entrevistas necesarias, completado la investigación de seguridad y evaluado que cumple con los requisitos de elegibilidad, su caso estará listo para que se tome una decisión. El USCIS le notificará por escrito su decisión, enviándola por correo postal.

Generalmente, la fecha en que se otorga la residencia permanente se registra como la fecha en la cual se convirtió en residente permanente.

En el caso de refugiados y ciertas personas con ingreso condicional debido a razones humanitarias (por ejemplo, los cubanos), la fecha de ajuste de estatus se registrará como la fecha de su ingreso a los Estados Unidos como refugiado.

En el caso de asilados, ya sea el solicitante principal o sus derivados, se registrará como fecha de ajuste la fecha un año previo a la fecha en que se le otorga la residencia permanente.

CAMBIO DE DOMICILIO

Por ley, debe avisarle al USCIS sobre cualquier cambio de dirección dentro de los diez días después de mudarse. No avisar por escrito un cambio de dirección es un delito menor y podría afectar su habilidad de adquirir beneficios inmigratorios en el futuro.

El USCIS procesa cientos de miles de solicitudes cada año y a menudo requiere evidencia adicional que se pide por correo. Si la dirección a la que envían cualquier notificación es incorrecta, el USCIS podría rechazar su caso. Esto se debe a que, si no reciben una respuesta a una petición de evidencia de la persona que está pidiendo beneficios inmigratorios, pueden considerar el caso como abandonado.

Si tiene un caso ante la Corte o la Junta de Apelaciones de Inmigración (BIA, por sus siglas en inglés), la ley requiere que reporte cambios de dirección dentro de los cinco días de una mudanza y que notifique al abogado del Servicio de Inmigración y Control de Aduanas (ICE, por sus siglas en inglés).

Se usa el Formulario AR-11 para cambiar una dirección con el USCIS.

También se puede hacer el cambio de dirección en el sitio web del USCIS: tinyurl.com/3g7wsml.

Para cambiar su dirección con la corte de inmigración se usa el Formulario EOIR-33/IC. Para cambiar su dirección con el BIA se usa el Formulario EOIR-33/BIA.

SERVICIO AL CLIENTE DEL USCIS

Si tiene preguntas sobre su caso de inmigración, puede llamar al Centro Nacional de Servicio al Cliente del USCIS al 1-800-375-5283.

Le tendrá que dar información específica sobre su solicitud al representante del USCIS que contesta el teléfono. Entre los datos que tendrá que proveer se encuentran: el número de su recibo, su número de registro de extranjero, su nombre y fecha de nacimiento. También puede revisar el estatus de su solicitud en Internet yendo a la página web principal del USCIS: www.uscis.gov.

Tome en cuenta que posiblemente tenga que esperar por lo menos setenta y dos horas a partir de obtener un número de recibo de solicitud antes de poder encontrar la información sobre el estatus de su caso usando el buscador electrónico del USCIS.

PARA APELAR UNA DENEGACIÓN

Si le niegan su solicitud para un ajuste de estatus, la notificación del USCIS le avisará que puede apelar la decisión y le informará sobre sus derechos. No todas las decisiones pueden ser apeladas. Si se llegara a poder apelar la decisión sobre su caso, deberá tramitar la apelación dentro de los treinta días a partir del momento en que el USCIS presentó su decisión.

Existe la posibilidad de que también pueda tramitar una solicitud para la reapertura o reconsideración de su caso. Las apelaciones y mociones de reapertura o reconsideración se tramitan con el Formulario I-290B, Aviso de apelación o moción (Notice of Appeal or Motion).

16

Proceso consular

Las personas que no puedan o no quieran solicitar su residencia permanente desde los Estados Unidos, pueden hacer el trámite en su país de origen o en un tercer país que cumpla con los requisitos correspondientes. Esto se llama "proceso consular" y es el último paso antes de que se emita una visa de inmigrante que le otorgue la residencia permanente a beneficiarios que hayan realizado trámites inmigratorios por medio de peticiones familiares o de empleo, entre otros.

Para comenzar el trámite, el Servicio de Ciudadanía e Inmigración de los Estados Unidos (USCIS, por sus siglas en inglés) tiene que haber aprobado una petición (familiar, de trabajo, etc.) que permita que la persona emigre, y debe haber una visa de inmigrante disponible inmediatamente para ese caso. Una vez aprobada la petición, el USCIS remite el caso al Centro Nacional de Visas (NVC, por sus siglas en inglés) del Departamento de Estado de los Estados Unidos (DOS, por sus siglas en inglés), para un procesamiento adicional antes de enviárselo a un oficial en un consulado estadounidense en el extranjero, donde el solicitante será entrevistado. Allí, el oficial consular aprueba o rechaza la visa.

Por lo general, la decisión del oficial consular es definitiva. El oficial consular tiene la discreción de rechazar una petición previamente aprobada y enviársela de regreso al USCIS para que la revoque. Solo el USCIS tiene la autoridad de revocar una petición previamente aprobada.

A continuación explico este proceso y los pasos que hay que dar.

FUNCIÓN DEL CENTRO NACIONAL DE VISAS (NVC)

El NVC es una agencia clave en el procesamiento de solicitudes de visas de inmigrantes. Cuando los solicitantes no cumplen con los requisitos para solicitar la residencia permanente dentro de los Estados Unidos, el USCIS envía todas las peticiones que aprueba —ya sean familiares, de empleo o de programas humanitarios— al NVC para ser procesadas en el exterior.

Tras recibir los formularios de solicitud de visa de inmigrantes, el NVC tiene la responsabilidad de recopilar información adicional que le facilite el trabajo al oficial consular. Además, tiene que recibir cartas de sostenimiento, declaraciones juradas, otros documentos y pagos de cuotas o tarifas para los trámites que se realizarán en las embajadas y consulados de los Estados Unidos en el exterior.

Para prepararlo para su caso, el NVC comenzará a enviarle información, específicamente, las instrucciones sobre cómo presentar las tarifas requeridas. Después de que se paguen las cuotas correspondientes, el NVC le pedirá al solicitante que presente los documentos necesarios para la visa de inmigrante, incluyendo los formularios de la solicitud y otros documentos.

El NVC revisará todos los documentos para asegurarse de que el solicitante de la visa ha cumplido con los requisitos necesarios. Una vez que confirme que está todo en orden, enviará el paquete de información al oficial consular y coordinará y marcará la cita para su entrevista en el consulado o embajada estadounidense en su país de origen o en un tercer país que cumpla con los requisitos correspondientes.

El NVC no puede determinar de antemano con exactitud cuándo le darán la cita para la entrevista. Pero generalmente, el solicitante recibe una carta con la información para su entrevista un mes antes de la cita. La carta también incluirá instrucciones para su examen médico.

Es importante que notifique al NVC sobre cualquier cambio que pueda afectar su solicitud, como por ejemplo el nacimiento de otro hijo o la adopción de un niño, si cambia de estado civil o si muere el solicitante. También debe avisar si cambia de dirección, para que el NVC la actualice. Recuerde que el NVC tiene que enviarle notificaciones. Si se muda y no da cambio de dirección, esas notificaciones pueden no llegarle a tiempo, provocando demoras y hasta la cancelación de su caso.

CÓMO SE PROCESAN LAS PETICIONES

Una vez que el NVC recibe las peticiones del USCIS, le asigna a cada una de ellas un número de caso. Todos los documentos son escaneados a una base de datos y almacenados. Su caso es puesto en una lista de espera, basada en fechas de prioridad, país de nacimiento y otra información. El NVC utiliza un sistema interno que estima cuándo habrá un número de visa disponible para usted y que se ajusta cada mes a la información que provee el Boletín de Visas.

Las peticiones permanecen en el NVC hasta que los casos estén listos para su adjudicación por un oficial consular en el extranjero. Esto significa que una vez que haya una visa disponible, su petición, junto con toda la información adicional que le puede haber pedido el NVC, será enviada a un oficial consular en el extranjero. El oficial consular revisará toda la documentación y será quien tome la decisión final sobre si concederle la visa o no.

Las peticiones pueden permanecer en el NVC por meses o incluso años. Esto depende de la categoría de visa y el país de origen del solicitante.

La Oficina de Visas de la sección de Asuntos Consulares del DOS determina qué peticiones son elegibles para ser procesadas y establece una fecha de prioridad para el procesamiento de ciertas categorías de visas. Recuerde que en el caso de las categorías de familiares inmediatos no hay límites numéricos y por lo tanto los casos se procesan más rápidamente. Pero en otras categorías familiares y de empleo existen límites a la cantidad de visas que se otorgan cada año. Esto se traduce en largas esperas si hay una gran demanda.

Cuando la fecha de prioridad del solicitante (la fecha en que el USCIS o el Departamento de Trabajo de los Estados Unidos aceptó su petición) coincide con la fecha de prioridad del NVC para procesar su categoría de visa, entonces su petición avanzará a la siguiente etapa.

En ese momento, el NVC le enviará un formulario donde deberá incluir la dirección del solicitante y el nombre del abogado, si va a contar con representación legal. En inglés, este formulario se llama "Choice of Address and Agent form". Si usted ya está siendo representado por un abogado, el NVC no le enviará este formulario, y toda documentación relacionada a su caso será enviada a su abogado. Es de suma importancia mantener informado a su abogado de cualquier cambio de dirección o teléfono en caso de que su abogado necesite contactarlo.

QUÉ PASA SI NO RESPONDE A LA NOTIFICACIÓN

Cuando una persona recibe la notificación avisándole que hay una visa disponible para su caso, tiene un año para solicitar la visa de inmigrante. Si no responde al aviso dentro de ese plazo, la ley de inmigración establece que el DOS debe dar por terminado el registro de la persona que no solicitó la visa. Sin embargo, si la persona puede demostrar que la demora en solicitar la visa fue por razones de fuerza mayor, el DOS puede restituir el registro de la persona dentro de un período de dos años posteriores a la notificación de la disponibilidad de la visa de inmigrante.

RECAUDACIÓN DE TARIFAS

Llegado el momento, el NVC le enviará al solicitante la factura para cobrar las tarifas correspondientes a la Carta de Sostenimiento (Affidavit of Support) y al procesamiento de la visa (Immigrant Visa Processing). Si el solicitante tiene representación legal, el abogado será quien reciba las dos facturas.

Actualmente, estos son los costos por persona para tramitar la solicitud de visa de inmigrante:

Tipo de solicitud	Costo (en dólares, por persona)
Solicitudes para familiares inmediatos y de preferencia familiar (usando peticiones por medio de los formularios I-130, I-600 o I-800).	$230
Solicitudes a base de empleo (usando los formularios I-140 o I-526).	$405
Otras solicitudes de visa de inmigrante (incluyendo a los autopeticionarios aprobados para el Formulario I-360, los inmigrantes especiales y todos los demás, excepto aquellos seleccionados al Programa de Visas de Diversidad).	$220
Cuota para lotería de visas.	$330
Revisión de Declaración Jurada de Apoyo Económico (solo cuando se revisa dentro de los Estados Unidos; no se aplica si la declaración se presenta en el extranjero).	$88

El NVC facilita el pago de estos trámites para que se realicen electrónicamente vía Internet. Si no tiene acceso a Internet, puede enviarlos por correo postal. Si el oficial consular no aprueba alguna de estas solicitudes o usted decide no proceder con el trámite después de haber pagado las cuotas, los costos no son reembolsables.

CÓMO PAGAR POR INTERNET

El pago electrónico de cuotas al NVC por medio de Internet se realiza a través del Centro de Pagos de Facturas de Inmigrantes del Centro Consular de Aplicaciones Electrónicas (Consular Electronic Application Center's Immigrant Visa Invoice Payment Center).

Para pagar electrónicamente, necesitará la siguiente información:

➤ Número de caso.
➤ Número de identificación de factura.
➤ Número de ruta bancaria (*routing number*).
➤ Número de cuenta bancaria.

Todos los pagos que se realicen vía Internet deben provenir de cuentas en instituciones bancarias dentro de los Estados Unidos.

CÓMO REALIZAR PAGOS POR CORREO POSTAL

Si no puede hacer un pago electrónico vía Internet, tendrá que enviar un giro postal o un cheque de caja (*cashier's check*) por correo postal. Deberá incluir la factura que le envió el NVC, con el número de caso del solicitante y el código de barra. No envíe el pago sin la factura. El cheque de caja o giro postal debe hacerse a nombre del "Department of State". El pago de tarifas para la Carta de Sostenimiento y solicitud de la visa de inmigrante debe hacerse con un solo cheque con el monto total de las dos cuotas y se debe enviar a la siguiente dirección:

National Visa Center
P.O. Box 790135
St. Louis, MO 63179-0135

Para evitar demoras en el procesamiento de su visa, escriba el número de caso del solicitante en el cheque. Una vez que se haya depositado el cheque de caja o giro postal, el NVC le enviará instrucciones para continuar con el proceso de la visa.

RECOPILACIÓN DE DOCUMENTOS

Después de pagar las cuotas requeridas, el NVC le avisará que debe completar y presentar una Carta de Sostenimiento y una Solicitud de visa de inmigrante y registro de extranjero. Estos documentos se tienen que enviar al NVC.

Posteriormente, le enviarán más instrucciones sobre otros documentos que tendrá que presentar. No envíe ningún documento que el NVC no le haya pedido. Le regresarán todos sus documentos originales cuando se presente a su entrevista para la visa.

PROCESAMIENTO DE DOCUMENTOS Y VISA DE INMIGRANTE

Cuando llegue el momento indicado dentro del proceso de la solicitud de visa, el NVC contactará al solicitante o a su abogado con las instrucciones para presentar formalmente la solicitud para la visa.

Esta fase del proceso requiere que los solicitantes de una visa de inmigrante cumplan con los siguientes puntos de gran importancia:

1. Seguir las instrucciones para hijos que vayan a cumplir veintiún años.
2. Entregar documentación de apoyo.
3. Completar y presentar la solicitud de visa.

HIJOS A PUNTO DE CUMPLIR VEINTIÚN AÑOS

Si va a inmigrar a los Estados Unidos con sus hijos, o tiene planeado que sus hijos inmigren más adelante, debe demostrar que sus hijos son solteros, elegibles para ser incluidos en la clasificación de su visa y menores de veintiún años al momento de entrar a los Estados Unidos.

Las peticiones de visa de inmigrante para hijos de ciudadanos estadounidenses deben ser presentadas por separado.

Si alguno de los hijos del solicitante va a cumplir veintiún años, se deberá notificar al NVC inmediatamente dentro del plazo de sesenta días antes de la fecha de cumpleaños. Si llega a haber visas disponibles en su categoría de visa antes del cumpleaños de su hijo, el NVC puede acelerar su caso para que usted y su hijo puedan inmigrar juntos. Pero si no hay visas disponibles antes del cumpleaños del joven, el NVC no podrá acelerar la tramitación del caso.

Si usted no notifica al NVC acerca de que su hijo pronto cumplirá veintiún años, su hijo podría perder la elegibilidad para inmigrar con usted a menos que esté cubierto por la Ley de Protección de Menores (Child Status Protection Act). Esta ley se explica más a fondo en el capítulo 3, "Peticiones familiares".

Si su hijo no puede inmigrar con usted debido a su edad, entonces deberá presentarse una petición por separado para su hijo. Esto podría ocasionar un retraso significativo, ya que su hijo entraría dentro de otra categoría de visa y su elegibilidad dependería de la fecha de prioridad de procesamiento para ese tipo de visa.

DOCUMENTOS QUE DEBEN PRESENTARSE AL NVC

Usted y cada miembro de su familia que inmigra con usted a los Estados Unidos, deben entregarle al NVC documentos originales emitidos por una autoridad competente, o copias certificadas de los documentos requeridos. Si los documentos no están en inglés o en el idioma oficial del país en el que se está presentando la solicitud para una visa, deben estar acompañados de una traducción certificada. La traducción debe incluir una declaración firmada por el traductor indicando que la traducción es exacta y que el traductor es competente para realizar la traducción.

Los documentos que se requieren de cada uno de los miembros de la familia, según corresponda, son:

- ➤ Actas de nacimiento.
- ➤ Documentos de adopción.
- ➤ Certificados de matrimonio.
- ➤ Documentos que comprueben terminación de matrimonio.
- ➤ Expedientes judiciales.
- ➤ Documentación sobre deportaciones.
- ➤ Expedientes militares.
- ➤ Documentos del peticionario.
- ➤ Certificados de la policía.
- ➤ Fotocopia de página biográfica del pasaporte.
- ➤ Fotografías.

El proceso de recopilar los documentos requeridos por el NVC puede ser largo y estar sujeto a requisitos específicos del país donde se solicitará la visa de inmigrante. El listado de requisitos locales para cada país puede ser visto en la siguiente página web del DOS: travel.state.gov/visa/fees/fees_3272.html.

Actas de nacimiento

Usted y los miembros de su familia que inmigran con usted a los Estados Unidos, deben obtener un certificado de nacimiento original expedido por la oficina de registro de nacimientos en su país de nacimiento. El acta debe mostrar la fecha, lugar de nacimiento y los nombres de ambos padres de cada persona que solicitará la visa de inmigrante para verificar el parentesco. Además, debe incluir una indicación de la autoridad competente que avale que se trata de un extracto de registros oficiales.

Todos los solicitantes de visas de inmigrantes deben presentar el certificado de nacimiento original completo. El NVC no aceptará certificados de nacimiento incompletos o abreviados.

Si, por algún motivo, no puede conseguir su acta de nacimiento, deberá presentar un certificado de una autoridad gubernamental competente que explique por qué su registro de nacimiento no está disponible. Además, deberá presentar pruebas secundarias, tales como:

➤ Un certificado de bautismo que contenga la fecha y lugar de nacimiento, así como los nombres de ambos padres de la persona que solicitará una visa de inmigrante (siempre y cuando el bautismo se haya realizado poco tiempo después del nacimiento de la persona).
➤ Un decreto de adopción para un niño adoptado.
➤ Una declaración jurada de un familiar cercano, preferentemente la madre, indicando la fecha y lugar de nacimiento, los nombres de ambos padres y el nombre de soltera de la madre.

También se tiene que entregar una declaración jurada realizada ante un funcionario autorizado para tomar juramentos.

Documentos de adopción

Si un inmigrante es un menor que fue adoptado y la solicitud del niño para emigrar se basa en una relación padre-hijo, se requiere que se presente documentación que pruebe la custodia del menor.

Si usted es el padre adoptivo y el solicitante, deberá proporcionar:

➤ Una copia certificada del decreto de adopción.
➤ El decreto de tutela legal si la custodia se produjo antes de la adopción.
➤ Una declaración que muestre las fechas y lugares donde el niño residía con sus padres adoptivos.

> Si el niño fue adoptado a los dieciséis o diecisiete años de edad, debe presentar pruebas de que el niño fue adoptado junto o posteriormente a la adopción de un hermano natural menor de dieciséis años por el mismo padre adoptivo.

Certificados de matrimonio

Si está casado, deberá presentar el certificado de matrimonio o una copia certificada que incluya el sello de la autoridad que expidió el documento.

Documentos que comprueben terminación de matrimonio

Si anteriormente estuvo casado, deberá presentar evidencia de que su matrimonio previo fue terminado legalmente. Si estuvo casado más de una vez, deberá entregar documentación que demuestre que cada uno de esos matrimonios fue legalmente terminado.

Los documentos que demuestran la terminación del matrimonio son: un decreto final de divorcio, una anulación o un certificado de defunción, si su cónyuge falleció. Los documentos deben ser originales o copias certificadas por autoridades oficiales.

Expedientes judiciales

Si alguna vez fue condenado por un delito, deberá obtener una copia certificada de cada expediente judicial (de la corte) y penal (carcelario), independientemente de que posteriormente le hayan concedido una amnistía, el indulto u otro acto de clemencia.

Los documentos de la corte deben incluir la información completa sobre las circunstancias del crimen y la sentencia, multas u otras sanciones pautadas en el caso.

Documentación sobre deportaciones

Si alguna vez fue deportado o removido de los Estados Unidos a expensas del Gobierno, deberá obtener el Formulario I-212, Solicitud de ingreso a los Estados Unidos después de una deportación, y seguir las instrucciones en ese formulario.

Expedientes militares

Si sirvió en las fuerzas militares de cualquier país, debe obtener una copia de su historial militar a menos que no esté disponible.

Documentos del peticionario

Todo ciudadano estadounidense que presente una petición por sus padres, hermanos o hermanas tendrá que entregar su acta de nacimiento que demuestre el parentesco. Además, si el peticionario está o estuvo casado, debe presentar su certificado de matrimonio actual y de todos los anteriores cuando esté presentando una solicitud para sus padres. Los documentos tienen que ser originales o copias certificadas.

Certificados de la policía

Por lo general, todo inmigrante de dieciséis años de edad o más debe presentar certificados policiales. Este certificado debe ser emitido por la autoridad policial correspondiente de la zona donde ha vivido el solicitante y debe incluir arrestos, motivo de la detención y el resultado de cada caso. Las personas que actualmente residen en los Estados Unidos o han sido residentes con anterioridad, no necesitan obtener certificados de la policía de los Estados Unidos.

Fotocopia de página biográfica del pasaporte

El solicitante, y cada miembro de la familia que acompaña al solicitante, tiene que presentar una fotocopia de la página de información biográfica de su pasaporte al día. La página de datos biográficos es la que muestra su foto, nombre, fecha y lugar de nacimiento.

No envíe pasaportes al NVC. Solamente envíe fotocopias de las páginas de datos biográficos.

Fotografías

Las fotografías son una parte esencial de una solicitud de visa. Cada solicitante tiene que presentar dos fotos idénticas a color. Algunas categorías de visas requieren imágenes digitales, mientras que para otras categorías hay que presentar imágenes en papel fotográfico.

El hecho de aceptar una imagen digital o una fotografía en papel queda a criterio de la embajada o consulado de los Estados Unidos donde se presenta la petición.

Estos son los requisitos más importantes de las fotos:

> ➤ Ser a color.
> ➤ El tamaño de la cabeza debe tener entre 1 y 1 3/8 pulgadas (22 a 35 mm).
> ➤ La foto debe tomarse dentro de los últimos seis meses para reflejar su aspecto actual.

> La foto debe tomarse de frente con un fondo blanco.
> Se tiene que ver el rostro claramente, no puede tener los ojos cerrados.
> No se pueden usar lentes oscuros o lentes de contacto de color.
> Puede usar lentes si son de uso diario para ver, pero no aceptarán fotos en las que se vea un reflejo por culpa de los lentes.

El DOS recomienda que se utilice un servicio profesional de fotografías para visas para garantizar que las fotos cumplen con todos los requisitos.

SOLICITUD DE VISA DE INMIGRANTE

Dependiendo de su país de origen, usted presentará su solicitud de visa de inmigrante usando el Formulario DS-230, Solicitud y registración para una visa de inmigrante, o el Formulario DS-260, Solicitud electrónica de visa de inmigrante.

FORMULARIO DS-230

El solicitante debe completar un formulario para sí mismo y uno para cada miembro de la familia que emigrará con usted, independientemente de la edad.

El formulario tiene dos partes. La Parte I pide toda su información biográfica, incluyendo historial educativo y laboral. También pide que identifique a todos sus hijos y quiénes emigrarán con usted. La Parte II es una declaración jurada donde el solicitante debe contestar verazmente preguntas sobre su historial médico, inmigratorio, antecedentes criminales o participación en actividades terroristas. Sus respuestas ayudarán al oficial consular a tomar una decisión sobre si es o no elegible para recibir una visa.

Tras completar todo el formulario, sólo debe firmar la Parte I. Firmará la Parte II del formulario durante su entrevista para la visa.

Cualquier declaración falsa o encubrimiento de información puede ser motivo para que se le niegue de forma permanente el ingreso a los Estados Unidos. Si usted recibe una visa de inmigrante y lo admiten a los Estados Unidos, y posteriormente descubren que mintió en esta solicitud, lo pueden procesar y deportar.

FORMULARIO DS-260

Aquí se encuentra la solicitud electrónica para una visa de inmigrante: travel.state.gov/visa/immigrants/info/info_5164.html. Este formulario se completa y se somete al DOS a través de Internet usando el Centro de Solicitudes Electrónicas Consulares (Consular Electronic Applications Center, CEAC).

De ser necesario, este formulario puede ser completado en etapas. Puede completarlo y presentarlo en una sola sesión o puede comenzarlo y finalizarlo en otro momento. Toda la información que usted suministra permanecerá almacenada en línea hasta que tenga la oportunidad de completar el formulario en su totalidad.

Usted debe usar el Formulario DS-260 si la petición fue aprobada en los Estados Unidos, está siendo procesada por el NVC y la solicitud corresponde a una de las siguientes categorías:

1. Petición familiar, Formulario I-130.
2. Petición de empleo, Formulario I-140 petición.
3. Petición para ciertos inmigrantes especiales, Formulario I-360.
4. Petición de inmigrante por empresario extranjero, Formulario I-526.

También debe usar el Formulario DS-260 si: su solicitud cumple con *todas* las condiciones anteriores; los solicitantes para la visa de inmigrante serán entrevistados en ciertos países, incluyendo cualquier embajada o consulado de los Estados Unidos en México, o en Lima, Perú; y el NVC le pidió cuotas y/o documentos en octubre de 2010 o una fecha posterior.

Aunque el uso de los formularios electrónicos actualmente se limita a solicitantes que cumplen con todas las condiciones anteriores, las autoridades inmigratorias han indicado que con el tiempo se implementarán a nivel mundial y será un requisito para todas las solicitudes de visa de inmigrante.

PROCESO DE ENTREVISTA PARA LA VISA

El proceso para solicitar una visa de inmigrante requiere que se haga una entrevista en persona con un oficial consular para determinar si el solicitante es realmente elegible para emigrar a los Estados Unidos.

Una vez que el NVC determina que el expediente está completo con todos los documentos requeridos, se programa la cita para una entrevista con el solicitante. El NVC envía el archivo que contiene la petición del solicitante y los documentos requeridos a la embajada o consulado de los Estados Unidos donde el solicitante será entrevistado para una visa.

El solicitante, abogado o representante, si lo tiene, recibirá mensajes de correo electrónico o cartas (si no tiene dirección de correo electrónico), con la fecha y hora de la entrevista para la visa del solicitante. Esa notificación también incluirá instrucciones y una guía sobre cómo realizar su examen médico.

El oficial consular evaluará las respuestas que usted le de y las comparará con los documentos que le han sido proporcionados con su petición, para asegurarse de que cumple con todos los requisitos y de que no hay probabilidad de fraude inmigratorio antes de aprobar una visa. Los solicitantes deberán llevar a la entrevista sus pasaportes vigentes, así como cualquier otra documentación que no se haya entregado anteriormente al NVC. Generalmente, los documentos y las traducciones originales les serán devueltos al solicitante en el momento de la entrevista.

Varias embajadas y consulados estadounidenses tienen información específica que los solicitantes deben revisar y entender antes de su entrevista. Esta información puede variar según el país donde esté ubicada la embajada o consulado.

Para ver las instrucciones específicas para una determinada embajada o consulado deberá visitar la sección de Pautas Específicas para la Entrevista en la Embajada/Consulado (Embassy/Consulate-Specific Interview Guidelines) en el sitio web del DOS en la siguiente página: travel.state.gov/visa/immigrants /info/info_3742.html.

Allí tendrá que hacer clic en la ventana que le pide seleccionar la embajada (Select Embassy). Una vez que lo haga, tendrá que descargar el documento que contiene las instrucciones específicas del país donde usted tendrá la entrevista.

CÓMO PREPARARSE PARA LA ENTREVISTA

Cuando le llegue la notificación para la entrevista, revise cuidadosamente la información enviada por el NVC, tomando nota de fecha, hora y lugar en que se llevará a cabo.

Asegúrese de tener todos los documentos originales y fotografías requeridos para presentarlos durante la entrevista. Deberá realizar el examen médico antes de la entrevista. No haga nada hasta que le llegue la notificación del NVC indicando que debe comenzar la preparación para la entrevista.

DOCUMENTOS QUE DEBE LLEVAR A LA ENTREVISTA

El solicitante tiene la responsabilidad de traer todos los documentos originales requeridos a la entrevista, excepto aquellos que ya haya entregado al NVC. Si no lleva todos los documentos requeridos a la entrevista, podría ocasionar demoras y hasta le pueden negar la visa.

Estos son los documentos originales que debe llevar a la entrevista a menos que ya los haya entregado al NVC:

> Carta de notificación del NVC indicando la cita para la entrevista.
> Resultados del examen médico (en el sobre sellado por el doctor autorizado).
> Evidencia de apoyo financiero: Carta de Sostenimiento (Affidavit of Support) o carta de oferta de empleo certificada.
> Pasaporte válido hasta por lo menos seis meses después de la fecha en que piensa ingresar a los Estados Unidos.
> Acta de nacimiento.
> Fotografías a color.
> Certificado de matrimonio, si está casado.
> Decreto de divorcio o acta de defunción, si estuvo casado o es viudo.
> Certificado de la policía.
> Expedientes judiciales y penales, si tiene antecedentes criminales.
> Expediente militar.

En casos de peticiones familiares, debe traer todos los documentos originales que puedan comprobar el parentesco entre la persona que está sometiendo una petición y el beneficiario. En casos de peticiones de trabajo, debe traer una carta de un empleador confirmando los puntos clave de la oferta de trabajo.

QUIÉN PARTICIPA EN LA ENTREVISTA

A menos que el oficial consular lo requiera, los peticionarios no tienen que estar presentes durante la entrevista para una visa de inmigrante.

Solo los beneficiarios, cuyos nombres aparecen en la carta de notificación, deben ir a la entrevista. Los familiares que vayan a reunirse posteriormente con el solicitante principal serán entrevistados en otro momento. Tendrán que contactar a la embajada o consulado para coordinar directamente esas entrevistas.

EXAMEN MÉDICO Y VACUNAS

Antes de ir a su entrevista, tendrá que hacer una cita con un médico autorizado por la embajada o consulado de los Estados Unidos donde se solicite la visa de inmigrante, para que le realicen un examen médico y recibir las vacunas necesarias. Todo inmigrante, independientemente de su edad, debe someterse a un examen médico. Este es un requisito indispensable para que el Gobierno de los Estados Unidos permita que emitan una visa a su nombre.

Es importante enfatizar que la embajada o consulado no acepta resultados de exámenes médicos realizados por doctores no autorizados por el Gobierno de los Estados Unidos. Tampoco acepta exámenes médicos de doctores hechos en los Estados Unidos.

Varias embajadas y consulados estadounidenses tienen información específica que los solicitantes deben revisar y entender antes de hacer su examen médico. Esta información puede variar según el país donde esté ubicada la embajada o el consulado.

Para ver las instrucciones específicas para una determinada embajada o consulado deberá visitar la sección titulada Preparación para la Examinación Medica (Preparing for the Medical Examination) en el sitio web del DOS en la siguiente página: travel.state.gov/visa/immigrants/info/info_3739.html. Allí tendrá que hacer clic en la ventana que le pide seleccionar la embajada (Select Embassy). Una vez que lo haga, tendrá que descargar el documento que contiene las instrucciones específicas del país donde usted hará su examen médico.

El examen médico incluye una revisión de la historia clínica del solicitante, un examen físico, una radiografía de tórax y un análisis de sangre.

La embajada o consulado requiere este examen para determinar si el solicitante es un riesgo a la salud pública. Si el médico que realiza el examen determina que usted tiene alguna enfermedad que puede perjudicar la salud de otros al entrar al país, lo considerarán "no admisible" y no le darán la visa para ingresar a los Estados Unidos.

El Gobierno de los Estados Unidos considera a una persona "no admisible" por condiciones médicas bajo las siguientes circunstancias:

➤ La persona tiene una enfermedad contagiosa de gran peligro a la salud pública, entre ellas, la tuberculosis y enfermedades venéreas como la sífilis.
➤ Falta de todas las vacunas requeridas.
➤ Desórdenes físicos o mentales que producen comportamiento peligroso.
➤ Abuso de drogas o drogadicción.

Cuando el médico termina el examen, le tiene que entregar al solicitante el reporte médico completado dentro de un sobre sellado. No lo acepte si no está en un sobre sellado. La embajada o consulado rechazará el reporte médico si no está en un sobre sellado, ante la posibilidad de que el contenido pueda haber sido alterado.

Por lo general, los resultados del examen médico sólo son válidos por un año a partir de la fecha en que se realiza el examen médico. Haga lo posible por programar sus exámenes lo más cerca posible del momento en que presente su solicitud de residencia permanente. Asimismo, asegúrese de coordinarlos dándole suficiente tiempo al laboratorio para que le pueda entregar resultados de pruebas que hayan sido requeridas (como exámenes de sangre).

Es su responsabilidad, no la del médico, presentar el reporte médico a la embajada o consulado. Los costos del examen médico corren por cuenta del solicitante.

VACUNAS NECESARIAS

La ley de inmigración de los Estados Unidos requiere que todo extranjero que solicita una visa de inmigrante reciba ciertas vacunas para prevenir enfermedades contagiosas.

Las vacunas requeridas son las siguientes:

➤ Paperas
➤ Sarampión
➤ Rubeola
➤ Polio
➤ Toxoides tetánico y diftérico
➤ Tos ferina
➤ Haemophilus influenzae tipo B
➤ Hepatitis B

Es posible que se agreguen otras vacunas para enfermedades prevenibles, si son recomendadas por el Comité Asesor de Prácticas de Inmunización. Se aconseja, llegado el momento, llevar los registros de inmunización a los Estados Unidos.

Al ingresar a los Estados Unidos, los niños inmigrantes deben mostrar un registro de vacunación completo para poder inscribirse en la escuela. Por lo tanto, el Servicio de Salud Pública de los Estados Unidos (United States Public Health Service) recomienda que los niños tengan evidencia médica de que han sido inmunizados, tal como un registro de las vacunas. Durante el examen médico, el doctor le aconsejará a los solicitantes que obtengan estas pruebas —ya sea de un médico, del departamento de salud local o de la escuela en su país de origen— antes de emigrar.

QUÉ DEBE SABER ANTES DE SU ENTREVISTA PARA LA VISA

El Gobierno de los Estados Unidos es muy estricto con los requisitos para la entrega de una visa. Si usted llega a la entrevista con el oficial consular, que es la última etapa en el proceso, sin haber completado su examen médico, le negarán la visa.

Es muy importante también que lleve la carta original, o una copia de la notificación de la entrevista. Si no la trae, podría provocar una demora para comenzar la entrevista.

Tenga en cuenta que no se le puede asegurar de antemano que aprobarán su caso y le otorgarán la visa. El oficial consular recién tomará una decisión después de haber recibido y revisado todos los documentos y de haberlo entrevistado. No espere que su caso se resuelva el día de la entrevista. Incluso, de resolverse ese día, es posible que pasen horas antes de que el oficial consular tome una decisión final, así que no haga otros planes para ese día. Si surgen problemas el día de la entrevista y no le dan la visa ese día, tal vez tenga que regresar a la embajada o consulado.

No renuncie a su trabajo ni compre pasajes ni coordine planes de viaje a los Estados Unidos hasta que hayan aprobado su petición y le hayan otorgado una visa. Recién en ese momento tendrá la certeza de que sí podrá emigrar a los Estados Unidos.

¿SE PUEDE CAMBIAR LA FECHA DE UNA ENTREVISTA?

Si por algún motivo no puede acudir a la entrevista en la fecha indicada, debe notificar a la Sección Consular de inmediato para que le den otra cita. Se le avisará cuál es la nueva fecha para la cita por medio de otra carta.

QUÉ SUCEDE SI NO SE PRESENTA A LA ENTREVISTA

Si recibió una carta avisándole de la cita para la entrevista, tiene un año a partir de la notificación para acudir a la entrevista y continuar con el proceso de la solicitud de la visa. Si no le hace seguimiento a su caso por un periodo de dos años, la petición familiar o de empleo, entre otras, que anteriormente había sido aprobada por el USCIS, podría ser cancelada por el NVC.

REVISIÓN DE ANTECEDENTES CRIMINALES
(*BACKGROUND CHECK*)

Antes de otorgar una visa de inmigrante, el DOS revisará el nombre del solicitante en la Base Interestatal de Identificación del Centro Nacional de Información de Crímenes (National Crime Information Center's Interstate Identification Index) para ver si la persona tiene antecedentes criminales. Si la indagación muestra que el solicitante tiene posibles antecedentes criminales, el oficial consular puede requerir las huellas digitales de la persona para investigarlo más a fondo.

La revisión de antecedentes criminales es válida por quince meses.

ENTREGA DE LA VISA

Si le aprueban la solicitud, usted recibirá una visa de inmigrante con una fecha de vencimiento.

Por lo general, una visa de inmigrante suele ser válida hasta un máximo de seis meses a partir de la fecha en que fue emitida. Pero si la validez de su examen médico expira antes de los seis meses, su visa deja de ser válida en ese momento. Para no tener problemas, debe asegurarse de ingresar a los Estados Unidos antes de la fecha de vencimiento de su visa y de los resultados de su examen médico.

Si la persona no ingresa a los Estados Unidos dentro de ese período de tiempo, la visa expirará y no podrá inmigrar a menos que el oficial consular reemplace su visa. La visa podría ser reemplazada bajo las siguientes circunstancias:

1. El inmigrante no pudo utilizar la visa durante el período de su validez por razones de fuerza mayor.
2. La visa fue emitida durante el mismo año fiscal o al año siguiente, si es un caso de familiar inmediato de un ciudadano estadounidense, y el número de visa fue devuelto al DOS como "recapturado" (*recaptured*).
3. El número no se ha devuelto al DOS como "recapturado" en el caso de un inmigrante con una visa basada en preferencia o de diversidad.
4. El inmigrante paga todos los gastos.
5. El oficial consular verifica con la oficina que emitió la visa original que esta no sabe de razón alguna por la cual no se debe expedir una nueva visa.

Tras la aprobación de la visa, la embajada o consulado le entregará un paquete sellado que el inmigrante tendrá que presentar al oficial de aduanas en los Estados Unidos. El oficial de aduanas hará una inspección del paquete. Si determina que es admisible al país y autoriza su ingreso, el inmigrante se convertirá oficialmente en residente permanente de los Estados Unidos.

Generalmente recibirá su tarjeta verde treinta días después de haber ingresado a los Estados Unidos. Si no la recibe, debe contactar al Centro Nacional del Cliente del USCIS para determinar el estatus de la emisión de su tarjeta verde.

NUEVA CUOTA PARA PROCESAMIENTO DE TARJETA VERDE

A partir del 1 de febrero de 2013, el USCIS comenzó a cobrar una nueva cuota de $165 para el procesamiento de visas de inmigrante que se presenten en el extranjero.

Según el USCIS, la nueva "cuota de inmigrante" es para recuperar los costos de procesar las visas de inmigrante una vez que las personas reciben sus paquetes de visa del DOS cuando hacen el proceso consular en el exterior. Esta nueva tarifa es adicional a los otros costos asociados con la solicitud para la visa de inmigrante cobrados por el DOS, y servirá para cubrir los gastos del personal que tiene que organizar, archivar y mantener el paquete de visa de inmigrante. También cubrirá el costo de producción y entrega de la tarjeta verde.

Para simplificar y centralizar el proceso de pago, los solicitantes tendrán que pagar electrónicamente a través del sitio web del USCIS después de recibir su paquete de visa del DOS y antes de partir hacia los Estados Unidos. Cuando asistan a su entrevista consular, se les proporcionará a los solicitantes información específica sobre cómo realizar el pago.

17

Carta de sostenimiento

La ley de los Estados Unidos establece que la mayoría de las personas que inmigran a este país en base a una petición familiar, y algunos casos de empleo, deben tener un "patrocinador financiero" —una persona que apoye y se responsabilice económicamente por esa persona.

Ese compromiso se delinea en una Declaración Jurada de Apoyo Económico, llamada Carta de Sostenimiento (Affidavit of Support). Para cumplir con este requisito, se usa el Formulario I-864. Este documento es un contrato legal entre la persona que patrocina a un inmigrante y el Gobierno de los Estados Unidos. El Gobierno federal no aprobará el caso si no se presenta una Carta de Sostenimiento cuando es requerida.

Con la Carta de Sostenimiento, el patrocinador de un inmigrante jura que le dará el apoyo económico adecuado para su sustento y se compromete a evitar que el inmigrante se convierta en una carga pública después de ingresar a los Estados Unidos. El Gobierno considera que una persona es una carga pública si solicita y depende de ciertos beneficios públicos tales como Seguridad de Ingreso Suplementario (Supplemental Security Income, SSI) y Asistencia Temporal para Familias Necesitadas (Temporary Assistance to Needy Families).

La mayoría de las personas que deciden traer a un familiar mediante la presentación de un Formulario I-130, Petición para Pariente Extranjero, deben comprometerse a ser patrocinadores financieros de ese familiar. Cuando a ese familiar le llegue el momento de inmigrar a los Estados Unidos, deberá presentar una Carta de Sostenimiento.

Si el peticionario no cumple con los requisitos financieros de una Carta de Sostenimiento en ese momento, igualmente tiene que presentar el Formulario I-864 y aceptar la responsabilidad. El peticionario y su familiar deberán encontrar un máximo de dos personas que, conjuntamente, cumplan con los requisitos y estén dispuestos a asumir el compromiso presentando una Carta de Sostenimiento como patrocinadores conjuntos. Un patrocinador conjunto no tiene que ser pariente del peticionario o del inmigrante por el que se está presentando el caso. Recuerde que otorgar una Carta de Sostenimiento es un contrato legal con el Gobierno que garantiza que el inmigrante no será una carga pública. Esto significa que usted es responsable por la persona que está patrocinando financieramente y si no cumple con ese compromiso hay consecuencias legales.

Si la persona para la cual usted presentó una Carta de Sostenimiento se convierte en residente permanente y luego solicita y le dan ciertos beneficios públicos, el Gobierno puede exigirle a usted que le reembolse el dinero. Para el Gobierno, usted es responsable de brindarle al inmigrante que patrocinó la asistencia básica a la que se comprometió al firmar la declaración de apoyo financiero. Por lo tanto, la agencia estatal o federal que concedió los beneficios, podría tomar acciones legales en su contra para recuperar el dinero de los beneficios públicos que le fueron otorgados a la persona que usted se comprometió a patrocinar.

BENEFICIOS QUE NO CUENTAN COMO CARGA PÚBLICA

Existen algunos beneficios públicos que están exentos y las personas que los usen no serán consideradas carga pública. Algunos de estos beneficios son:

> ➤ Atención médica de emergencia.
> ➤ Ayuda de emergencia a corto plazo en una situación catastrófica (como el huracán Sandy). La ayuda no incluye dinero en efectivo, sino asistencia en especies, como albergues de emergencia y comedores de asistencia pública.
> ➤ Cupones para alimentos (*food stamps*).
> ➤ Nutrición infantil y otros programas similares locales y estatales.
> ➤ Programa de Nutrición Suplementaria para Mujeres, Niños y Bebés (WIC, por sus siglas en inglés).
> ➤ Asistencia pública para vacunas y tratamiento de enfermedades contagiosas.
> ➤ Medicaid.
> ➤ Programa de Seguro Médico para Niños (CHIP, por sus siglas en inglés).
> ➤ Ciertos programas de asistencia financiera universitaria.

FORMULARIO I-864

El Formulario I-864 es la Declaración Jurada de Apoyo Económico, o Carta de Sostenimiento, que se le tiene que entregar al Servicio de Ciudadanía e Inmigración de los Estados Unidos (USCIS, por sus siglas en inglés). La información que se provee en el formulario debe probar que la persona para la que se peticiona una visa de inmigrante no será una carga pública.

El formulario es bastante extenso. Consiste de ocho páginas a ser completadas con la información del inmigrante que será el beneficiario de una visa de inmigrante y la de la persona que lo está patrocinando financieramente. El formulario sólo está disponible en inglés. Se puede obtener llamando al National Customer Service Center al 1-800-375-5283 o yendo a la página web del USCIS: www.uscis.gov.

El USCIS no cobra por presentar este formulario, pero el Departamento de Estado actualmente cobra una tarifa de $88 cuando el Centro Nacional de Visas revisa la Carta de Sostenimiento dentro de los Estados Unidos y el documento servirá para solicitar una visa de inmigrante en el exterior. Esto no es aplicable si la Carta de Sostenimiento le es presentada directamente a un oficial consular en el exterior.

DOCUMENTOS QUE DEBEN PRESENTARSE CON EL FORMULARIO I-864

Los patrocinadores deben presentar la siguiente documentación con el Formulario I-864:

> ➤ Prueba de ciudadanía, nacionalidad o residencia permanente en los Estados Unidos.
> ➤ Prueba de empleo o de que usted es su propio empleador.
> ➤ Fotocopia completa de su declaración de impuestos federales más reciente.
> ➤ Fotocopias de los últimos dos o tres años de declaraciones de impuestos, si cree que estas pueden ayudarlo a establecer su capacidad para mantener un ingreso familiar superior al del nivel de pobreza (esto es opcional).
> ➤ Prueba de que vive en los Estados Unidos o alguno de sus territorios (como Puerto Rico).
> ➤ Formulario I-864A si también utilizará ingresos de su familia y dependientes para cumplir con los requisitos de patrocinador.

Deberá entregar el Formulario I-864 y toda la documentación requerida al inmigrante que está patrocinando para que la presente a una de las siguientes autoridades, dependiendo de dónde presenta la solicitud:

> A un funcionario del consulado, con su Solicitud de visa de inmigrante y registro de extranjero (Application for Immigrant Visa and Alien Registration).
> A un funcionario de inmigración con el Formulario I-485, Solicitud de registro de residencia permanente o ajuste de estatus (Application to Register Permanent Residence or Adjust Status).

QUIÉN NECESITA PRESENTAR ESTE FORMULARIO

La ley requiere que en casos de peticiones familiares y algunos casos de empleo se presente el Formulario I-864 cuando se solicita una visa de inmigrante.

Deben presentar el Formulario I-864:

> Todos los familiares inmediatos de ciudadanos estadounidenses (cónyuges, hijos solteros menores de veintiún años y padres de ciudadanos estadounidenses de veintiún años o más).
> Todo inmigrante con peticiones familiares (hijos solteros de ciudadanos estadounidenses, cónyuges e hijos solteros de residentes permanentes, hijos casados de ciudadanos estadounidenses y hermanos de ciudadanos estadounidenses de veintiún años o más).
> Inmigrantes con peticiones de empleo que son presentadas por un familiar ciudadano estadounidense o residente legal permanente por medio de una entidad en la que tiene una participación significativa (del 5% o más). En otras palabras, en casos en que el familiar tenga un negocio y presente una petición de empleo para un familiar (ya sean cónyuges, padres, hijos o hermanos).

Las siguientes personas no tienen que enviar el Formulario I-864:

> Solicitantes que hayan cumplido con el requisito de haber ganado o tener acreditados cuarenta trimestres de trabajo en los Estados Unidos. Además de su propio trabajo, el inmigrante que está presentando la solicitud puede obtener crédito por el trabajo realizado por un cón-

yuge durante el matrimonio y por sus padres durante el tiempo que tenía menos de dieciocho años.

Puede obtener más información sobre cómo contar créditos de trabajo ganados o acreditados yendo al sitio web de la Administración del Seguro Social: www.ssa.gov/retire2/credits.htm.

➤ Ciertos hijos solteros menores de dieciocho años de ciudadanos estadounidenses que, al entrar a los Estados Unidos como residentes permanentes, se convierten en ciudadanos estadounidenses bajo el Ley de Ciudadanía del Niño de 2000 (Child Citizenship Act of 2000).

➤ Viudos o inmigrantes especiales que presentan una autopetición (Formulario I-360).

➤ Cónyuges e hijos maltratados que tienen una petición de inmigrante especial aprobada (Formulario I-360).

Si usted cumple con los requisitos para una de las excepciones mencionadas anteriormente, deberá presentar el Formulario I-864W, "Exención de declaración jurada para posible inmigrante" (Intending Immigrant's Affidavit of Support Exemption) en vez del Formulario I-864.

QUIÉN DEBE COMPLETAR EL FORMULARIO I-864

La persona que presenta la petición familiar o de empleo, que es también el patrocinador económico del inmigrante, completa y firma el Formulario I-864. El patrocinador debe tener dieciocho años o más y debe vivir en los Estados Unidos o alguno de sus territorios.

¿QUÉ PASA SI EL PETICIONARIO MUERE ANTES DE QUE LA PERSONA EMIGRE A LOS ESTADOS UNIDOS?

La ley de inmigración requiere que todo peticionario de una persona que busca inmigrar por la vía familiar presente una Carta de Sostenimiento, a menos que haya una exención. Toda solicitud familiar a favor de un inmigrante se cancela automáticamente si el peticionario muere.

Si el peticionario muere después de que la petición familiar es aprobada, pero antes de que la persona por la cual peticiona emigre a los Estados Unidos, el inmigrante puede buscar la ayuda de un patrocinador sustituto (Substitute Sponsor) que presente el Formulario I-864 a su favor. El patrocinador sustituto deberá cumplir con los siguientes requisitos:

> Debe tener una relación con el inmigrante. Pueden ser cónyuge, padres, suegros, hermanos, hijos de dieciocho años o más, yernos, nueras, cuñados, abuelos, nietos o guardianes legales de la persona que va a inmigrar.
> Debe ser ciudadano o residente permanente de los Estados Unidos.
> Debe cumplir con los requisitos financieros del Formulario I-864.

El patrocinador substituto deberá entregar evidencia que demuestre lo anterior. Además deberá enviar una declaración escrita que explique las razones por las cuales la petición familiar debería ser restablecida después de haber sido automáticamente cancelada al fallecer el peticionario. El inmigrante también deberá presentar una copia de la carta de aprobación del Formulario I-130.

DURACIÓN DE LA RESPONSABILIDAD DE LA CARTA DE SOSTENIMIENTO

La persona que se compromete a patrocinar financieramente a un familiar o a cualquier otro inmigrante tiene una gran responsabilidad —una que puede llegar a durar años.

Los aspectos legales de una Carta de Sostenimiento continúan en vigor hasta que el inmigrante patrocinado:

> Se convierte en ciudadano estadounidense.
> Ha ganado o es acreditado cuarenta trimestres de trabajo en los Estados Unidos bajo la ley del Seguro Social (generalmente diez años), sin contar el tiempo durante el cual la persona recibió beneficios públicos que no tenía que recibir.
> Vuelve adquirir residencia permanente mientras está en proceso de deportación.
> Deja de ser residente permanente y se va permanentemente de los Estados Unidos.
> Fallece.

Durante todo ese tiempo, el Gobierno de los Estados Unidos puede tomar acciónes legales contra la persona que patrocinó y firmó una Carta de Sostenimiento a favor de un inmigrante, si es que este usa beneficios públicos, los cuales se le advirtió expresamente no podía recibir al ingresar al país.

El patrocinador está legalmente obligado a informarle al USCIS sobre cualquier cambio de dirección hasta que termine su responsabilidad financiera. Si cambia de dirección, deberá presentar un Formulario I-865, Notificación de Cambio de Domicilio del Patrocinador (Sponsor's Notice of Change of Address), dentro de los treinta días de su mudanza. Si no lo hace, el patrocinador puede ser multado de $250 a $5.000.

REQUISITOS PARA CALIFICACIÓN DE PATROCINADOR DE CARTA DE SOSTENIMIENTO

Para calificar como un patrocinador, debe tener dieciocho años o más de edad. Deberá demostrar que sus ingresos están por lo menos un 125% por encima del actual índice federal de pobreza para el tamaño de su familia más la persona que va a patrocinar.

El USCIS publica cada año los ingresos necesarios para completar la Carta de Sostenimiento en el Formulario I-864P, Índice de Pobreza del HHS para la Carta de Sostenimiento (HHS Poverty Guidelines for Affidavit of Support). El Formulario I-864P sólo está disponible en inglés. Se puede obtener llamando al Centro Nacional de Servicio al Cliente (National Customer Service Center) al 1-800-375-5283 o yendo a la página web del USCIS: www.uscis.gov.

Si usted está en servicio activo en las fuerzas armadas de los Estados Unidos y está patrocinando a su cónyuge o hijo menor de edad, sólo necesita tener un ingreso 100% por encima del nivel federal de pobreza según el tamaño de su familia.

Si usted vive en Alaska o Hawaii, la cantidad de ingreso requerida por el Gobierno federal será más alta debido al elevado costo de vida en esos estados.

Por ejemplo, si usted está peticionando a su hermano, su núcleo familiar es de tres personas, no ha patrocinado a nadie en el pasado y vive en California, sus ingresos deben ser de por lo menos $28.812,* para poder cumplir con los requisitos de patrocinador financiero de un inmigrante. Una familia de cuatro, incluyendo al inmigrante, necesita por lo menos $28.812 en ingresos.

QUÉ PASA SI NO CUMPLE LOS REQUISITOS FINANCIEROS

Si sus ingresos no son suficientes para cumplir con los requisitos para una Carta de Sostenimiento, el inmigrante no será elegible para una visa de inmigrante o ajuste de estatus.

---

* Según el índice de pobreza para 2012 estipulado por el Gobierno federal de los Estados Unidos, que se actualiza todos los años.

Sin embargo, el Gobierno permite agregar el ingreso de otros familiares, convirtiéndolos en patrocinadores conjuntos dentro de la misma Carta de Sostenimiento. Estos familiares deben vivir en su hogar o aparecer como dependientes en su declaración de impuestos federales.

También se puede incluir el ingreso legal del inmigrante, si viene de la misma fuente tal como su actual trabajo, después de haber emigrado y esa persona está viviendo actualmente en su hogar, a menos que sea su cónyuge. Si la persona es su cónyuge, el inmigrante puede haber estado viviendo fuera de su hogar antes de emigrar a los Estados Unidos.

Estos ingresos se pueden combinar con el valor de sus bienes o los del inmigrante. Los bienes deben ser fácilmente convertidos a efectivo y tener cinco veces el valor del monto requerido por la Carta de Sostenimiento. Si usted es un ciudadano estadounidense y está patrocinando a su cónyuge o hijos solteros menores de veintiún años, sus bienes solamente necesitan tener tres veces el valor del monto requerido por la ley.

Volviendo al ejemplo anterior, una familia de cuatro, incluyendo al inmigrante, necesita por lo menos $28.812 en ingresos. Si el patrocinador o el inmigrante no tienen ingresos pero tienen bienes con un valor neto de por lo menos $144.060 ($28.812 x 5), estos bienes puedan hacer que la persona sea elegible para emigrar a los Estados Unidos. El monto requerido es $86.436 si el patrocinador es un ciudadano estadounidense y está pidiendo a su cónyuge o hijos solteros menores de veintiún años.

QUÉ HACER CUANDO RECIBE LA NOTIFICACIÓN PARA LA CARTA DE SOSTENIMIENTO

El NVC le avisará cuando sea el momento de enviar la Carta de Sostenimiento. En ese momento tendrá que llenar el Formulario I-864.

Si no recibe una notificación del NVC, puede llegar a ser porque no ha pagado la cuota para el procesamiento de la Carta de Sostenimiento o su petición aún no está lista para ser procesada.

Agradecimientos

Mis éxitos personales y profesionales no hubiesen sido posibles sin la ayuda de Dios y de muchas personas.

En especial quiero agradecer:

A mi madre Justa P. "Patty" Castillo, quien con mucho coraje y sacrificio logró darle una mejor vida a nuestra familia.

A mi abuela María Castillo, que me cuidó cuando mi madre emigró a los Estados Unidos. A mi padre Juan Tómas Rivas, por cuidarme y enseñarme a valorar la educación. A mi hermana Flor M. "Flora" Castillo, quien con su ejemplo me enseñó a soñar grandes cosas en mi vida.

A mis maestros de ESL de Weber Junior High School en Port Washington, Nueva York, quienes me enseñaron inglés. A la señora que cambió mi vida mientras trabajaba en una gasolinera sirviendo gasolina, al regalarme los libros para estudiar la equivalencia de bachillerato (GED).

A Gloria Castro-Castillo, quien me inspiró a ser un mejor hombre y me ayudó enormemente a realizar mi sueño de graduarme como abogado. A Venancia Castro, que fue como una segunda madre para mí.

Al decano Rudy Hasl, Michelle Adorno y Mary Conlon y a la Universidad de St. John's por darme la oportunidad de ingresar a la Escuela de Leyes. Al profesor de Leyes Robert M. Zinman, que ha sido un mentor y amigo. A la abogada Mary T. Hernández, que me motivó a involucrarme con la Asociación Nacional de Abogados Hispanos la cual me ha ayudado mucho en mi vida.

A la jueza federal Deborah A. Batts y a la abogada Karla G. Sánchez, quienes me dieron mi primera oportunidad de empleo.

Al equipo editorial de Penguin y C. A. Press, Carlos Azula, Erik Riesenberg y Cecilia Molinari, por haber creído en el libro y el apoyo editorial que me dieron.

A mi agente literaria Diane Stockwell, por haber encontrado este proyecto.

A la abogada Sheila J. Levine, por su asesoría legal.

A Verónica Villafañe, por todo su apoyo y el amor que me brinda.

Recursos de información y apoyo

Servicio de Ciudadanía e Inmigración de los Estados Unidos (USCIS)
www.uscis.gov.

Departamento de Estado de los Estados Unidos (DOS)
Oficina de Asuntos Consulares
http://travel.state.gov

Boletín de Visas (Visa Bulletin)
http://travel.state.gov/visa/bulletin /bulletin_1360.html

Listado de sitios web de embajadas, consulados y misiones diplomáticas de los Estados Unidos
http://www.usembassy.gov

Departamento de Trabajo de los Estados Unidos (DOL)
Oficina de Certificación Laboral de Extranjeros
http://www.foreignlaborcert.doleta .gov/

Servicio de Inmigración y Control de Aduanas de los Estados Unidos (ICE)
www.ice.gov

Oficina de Aduanas y Protección Fronteriza de los Estados Unidos (CBP)
www.cbp.gov

Oficina Ejecutiva de Revisión de Casos de Inmigración (EOIR)
http://www.justice.gov/eoir/

Blog de Inmigración Hoy
www.InmigracionHoy.com

Denuncia de fraudes migratorios
http://tinyurl.com/76tjcr6

Pare fraude notarial
http://www.stopnotariofraud.org /index-es.php

Glosario

Las palabras que se utilizan en el procesamiento de visas son términos especializados. Es posible que no tengan el mismo significado a como se usan comúnmente. Los siguientes términos y sus definiciones explican cómo se utilizan en función del proceso inmigratorio. Cada término incluye la traducción del inglés.

Actualizar una petición (*Upgrade a Petition*): Si un residente permanente legal se convierte en ciudadano estadounidense por medio de la naturalización, esta persona puede pedirle al gobierno federal que cambie la categoría de las peticiones familiares que sometió cuando el ciudadano estadounidense era residente permanente legal. Por ejemplo, una petición de un cónyuge será cambiada o actualizada de la categoría de inmigración familiar 2A (cónyuges de residentes permanentes) a la categoría de inmigración familiar IR1 (cónyuges de ciudadanos estadounidenses) permitiéndole emigrar más rápido debido a que la categoría IR1 no tiene límites numéricos de visas.

Admisión (*Admission*): El ingreso a los Estados Unidos es autorizado por un oficial de la Oficina de Aduanas y Protección Fronteriza de los Estados Unidos (Customs and Border Protection o CBP). Cuando la persona llega por primera vez al país con una visa de inmigrante, el oficial de la CBP revisa la documentación y determina si es elegible para ingresar al país. Si es admitido, el oficial de aduana envía la información de la persona al Servicio de Ciudadanía e Inmigración de los Estados Unidos (U.S. Citizenship and Immigration Services o USCIS) para que le procesen una tarjeta de residente permanente (tarjeta verde o *green card*).

Agente (*Agent*): Persona designada por un solicitante de visa de inmigrante para recibir toda la correspondencia relacionada con el caso y pagar la cuota para el procesamiento de la solicitud de visa de inmigrante. El agente puede ser el solicitante, al peticionario u otra persona elegida por el solicitante. El nombre del agente figura en el Formulario DS-3032, Agent of Choice and Address.

Ajuste de Estatus (*Adjust Status*): Es el proceso mediante el cual se cambia de un estatus de no-inmigrante o estatus indocumentado a un estatus de residente permanente de los Estados Unidos (poseedor de una tarjeta verde).

Año fiscal (*Fiscal Year*): Se inicia el 1 de octubre y termina el 30 de septiembre del año siguiente.

Asignación (*Allotment*): Asignación de un número de inmigrante a una oficina consular o al USCIS. Este número puede ser utilizado para la expedición de visas o ajuste de estatus.

Asilado (*Aylee*): Una persona que no puede regresar a su país de origen porque ha sido víctima de persecución o tiene fundamentos para temer serlo en un futuro. La solicitud de asilo se presenta en los Estados Unidos al USCIS.

Aviso de Acción (*Notice of Action*): Un formulario de inmigración, Formulario I-797, que dice que el USCIS ha recibido una petición que presentó, tomado acción, aprobó o negó una petición.

Autorización de empleo (*Work Authorization*): Las personas que no son ciudadanas o residentes permanentes de los Estados Unidos tienen que demostrar que están autorizadas para trabajar en el país. Al solicitar empleo, deberán presentar un Documento de Autorización de Empleo (Employment Authorization Document) u otro documento que les otorgue el derecho de trabajar legalmente en los Estados Unidos. En el caso de las personas a las que les ha sido otorgado asilo, la ley les permite poder trabajar sin necesidad de obtener una autorización de empleo antes de comenzar a trabajar. Sin embargo, deberán presentar documentación al empleador que demuestre que le han otorgado asilo.

Beneficiario (*Beneficiary*): Extranjero peticionado por un pariente o empleador, o que se auto-peticionó para un beneficio inmigratorio.

BIA: Siglas en inglés para Board of Immigration Appeals, Junta de Apelaciones de Inmigración de los Estados Unidos.

Biometría (*Biometrics*): información biológica única que se usa para verificar la identidad de una persona. Los datos biométricos más conocidos son las huellas digitales, pero otros incluyen el reconocimiento facial.

Boletín de Visas (*Visa Bulletin*): Informe mensual publicado por el Departamento de Estado de los Estados Unidos que especifica la disponibilidad y fecha de prioridad de visas. El boletín ordena las fechas de prioridad de los solicitantes según las categorías de visas: por medio de familia, de empleo y de diversidad (lotería de visas) y establece las fechas límite. Es útil para averiguar cuánto tiempo de demora hay para cada uno de los distintos tipos de solicitudes para la residencia permanente.

Cancelamiento de remoción (*Cancellation of Removal*): Beneficio otorgado a discreción de un juez, que le permite a un extranjero que es deportable del país ajustar su estatus al de residente permanente legal de los Estados Unidos. Una solicitud de cancelación de remoción se realiza durante el curso de una audiencia ante un juez de inmigración.

Carga pública (*Public Charge*): Término utilizado para describir a una persona que depende del gobierno de los Estados Unidos para su sustento (alimentación, vivienda, vestido, etc.). Según la ley de inmigración de los Estados Unidos, un solicitante de visa de inmigrante no es elegible para la visa si la persona es una carga pública.

Carta de Sostenimiento (*Affidavit of Support*): Es una Declaración Jurada de Apoyo Económico. En este documento, el patrocinador de un inmigrante se responsabiliza a brindar apoyo económico a esa persona. Por lo general se usa el Formulario I-864 para llenar este requisito. Se considera un contrato legal entre el patrocinador financiero y el gobierno de los Estados Unidos.

CBP: Siglas en inglés para U.S. Customs and Border Protection, Oficina de Aduanas y Protección Fronteriza de los Estados Unidos.

Centro Nacional de Visas (*National Visa Center* o NVC): Sitio donde se procesan peticiones de visa de inmigrante de personas que presentan sus solicitudes en embajadas y consulados en el extranjero. El centro está ubicado en Portsmouth, New Hampshire.

Certificado de ciudadanía (*Certificate of Citizenship*): Documento que prueba que una persona es un ciudadano de los Estados Unidos por nacimiento (cuando nació en el extranjero) o por derivación (no de naturalización). La Ley de Ciudadanía del Menor de 2001 da la ciudadanía estadounidense automáticamente a ciertos hijos de ciudadanos estadounidenses nacidos en el extranjero. Estos niños pueden solicitar certificados de ciudadanía.

Certificación laboral (*Labor Certification*): Etapa inicial del proceso por el cual ciertos trabajadores extranjeros obtienen un permiso para trabajar en los Estados Unidos. El empleador es responsable de obtener la certificación laboral del Departamento de Trabajo.

Certificado de naturalización (*Certificate of Naturalization*): Documento que prueba que una persona se ha convertido en un ciudadano de los Estados Unidos vía la naturalización después haber inmigrado a los Estados Unidos.

Cambio de estatus (*Change Status*): Si el USCIS lo aprueba, una persona puede hacer un cambio de estatus de una visa de no inmigrante a otra visa de no inmigrante mientras está en los Estados Unidos. El portador de la visa debe presentar una solicitud antes de que su estadía autorizada expire, según la fecha estipulada en el Formulario I-94, Registro de Entrada y Salida.

Consulado de los Estados Unidos (*United States Consulate*): Los Consulados de los Estados Unidos son parte del Departamento de Estado de los Estados Unidos. Están ubicados en el extranjero y son responsables del procesamiento de solicitudes de visas para personas que desean viajar a los Estados Unidos.

Cónyuge (*Spouse*): Esposo o esposa legalmente casado. Una pareja que vive junta, pero no está legalmente casada no califica como cónyuge para propósitos de inmigración.

CSPA: Siglas en inglés para Child Status Protection Act, Ley de Protección del Estatus del Menor.

Departamento de Estado de los Estados Unidos (*U.S. Department of State* o DOS): Organismo gubernamental responsable de las relaciones internacionales de los Estados Unidos. Opera misiones diplomáticas (embajadas y consulados) de los Estados Unidos en el extranjero y es responsable de aplicar la política exterior de los Estados Unidos y sus esfuerzos de diplomacia.

El DOS protege la vida e intereses de ciudadanos estadounidenses en el extranjero y refuerza la seguridad de las fronteras de los Estados Unidos a través de la adjudicación de solicitudes de visas y pasaportes.

Departamento de Seguridad Nacional de los Estados Unidos (*U.S. Department of Homeland Security* o DHS): Organismo gubernamental de los Estados Unidos compuesto por tres organizaciones principales responsables de las políticas de inmigración, procedimientos, ejecución y control de las leyes estadounidenses: el Servicio de Ciudadanía e Inmigración de los Estados Unidos (USCIS, por sus siglas en inglés), la Oficina de Aduanas y Protección Fronteriza (CBP, por sus siglas en inglés) y el Servicio de Inmigración y Control de Aduanas (ICE, por sus siglas en inglés). Juntos, proporcionan el marco básico gubernamental para regular el flujo de visitantes, trabajadores e inmigrantes a los Estados Unidos.

Departamento de Trabajo (*Department of Labor* o DOL): Organismo gubernamental de los Estados Unidos que se encarga de las cuestiones laborales. Tiene la responsabilidad de decidir si determinados trabajadores extranjeros pueden trabajar en los Estados Unidos. En estos casos, los empleadores deben solicitar una certificación laboral a través del DOL. Una vez que aprueban una solicitud, el empleador debe presentar una petición de trabajador extranjero al USCIS para la aprobación de la petición antes de solicitar una visa de inmigrante por medio de trabajo.

Deportación (*Deportation*): Expulsión de un extranjero de los Estados Unidos porque la persona ha violado las leyes de inmigración. Este proceso ahora se llama remoción y el Servicio de Inmigración y Control de Aduanas de los Estados Unidos está a cargo de esta función.

DHS: Siglas en inglés para U.S. Department of Homeland Security, Departamento de Seguridad Nacional de los Estados Unidos.

DOL: Siglas en inglés para U.S. Department of Labor, Departamento de Trabajo de los Estados Unidos.

Domicilio (*Domicile*): Lugar donde la persona tiene su residencia principal. El patrocinador de un inmigrante debe tener un domicilio en los Estados Unidos antes de que la visa sea otorgada. Bajo ciertas circunstancias, se puede considerar que tiene un domicilio mientras vive temporalmente en el extranjero.

DOS: Siglas en inglés para U.S. Department of State, Departamento de Estado de los Estados Unidos.

En estatus (*In Status*): En estatus significa que la persona está cumpliendo con los requisitos de su tipo de visa bajo la ley de inmigración de los Estados Unidos. Por ejemplo, si la persona que entró a los Estados Unidos con una visa de turista limita sus actividades exclusivamente al turismo y no trabaja de forma ilegal, está "*in status*".

EOIR: Siglas en inglés para Executive Office for Immigration Review, Oficina Ejecutiva de Revisión de Casos de Inmigración.

Estatus derivado (*Derivative Status*): Estatus obtenido por medio de otro solicitante, según lo permite la ley de inmigración para ciertas categorías de visas, incluyendo las visas de inmigrante. Por ejemplo, al cónyuge y los hijos solteros menores de veintiún años de un hermano de un ciudadano estadounidense se le concedería la condición derivada y podrían obtener una visa de inmigrante si cumplen con los debidos requisitos. El estatus derivado sólo es posible si le emiten una visa al solicitante principal.

Extranjero (*Alien*): una persona que no es un ciudadano estadounidense.

Exención de inelegibilidad (*Waiver of Ineligibility*): Bajo la ley de inmigración, ciertos extranjeros no son elegibles para una visa de inmigrante por razones médicas, criminales, de seguridad nacional u otras actividades descalificantes. Algunas de estas personas pueden solicitar una exención o perdón, el cual si es otorgado les permitiría ingresar a los Estados Unidos si cumplen con los debidos requisitos.

Extensión de estadía (*Extension of Stay*): Autorización del Servicio de Ciudadanía e Inmigración de los Estados Unidos (USCIS, por sus siglas en inglés) para extender el tiempo que una persona con una visa puede permanecer en los Estados Unidos. El portador de la visa debe presentar una solicitud de extensión de estadía ante el USCIS antes de que expire la visa. La fecha de expiración de una visa aparece en el Formulario I-94, Registro de Entrada-Partida (con excepción de los portadores de visas admitidos a los Estados Unidos por duración de estatus (*duration of status*), con el sello D/S).

Fecha de vencimiento de una visa (*Visa Expiration Date*): Fecha de vencimiento que aparece en una visa. Esto significa que la visa es válida, o se puede utilizar a partir de la fecha de su emisión hasta la fecha de su vencimiento para viajes que tengan el mismo propósito cuando la visa ha sido extendida para entradas múltiples.

Fecha límite (*Cut-off Date*): La fecha que determina si un solicitante de visa de inmigrante de una categoría preferencial puede ser programado para una entrevista de visa de inmigrante. Estas fechas son publicadas cada mes en el Boletín de Visas. Cuando hay visas inmediatamente disponibles para todas las personas que están solicitando una visa bajo una categoría preferencial la letra "C", la cual significa "Current" o al día, aparece en el Boletín de Visas. Si no hay visas disponibles, se incluye la letra "U", que significa "Unavailable" o no disponible. Cuando el Boletín de Visas lista una fecha específica para la categoría preferencial de visas, solo los casos con fechas de prioridad antes de esa fecha podrán solicitar una visa de inmigrante. Todas las demás personas tendrán que esperar hasta que su fechas de prioridad esté al día para solicitar una visa de inmigrante.

Fecha de prioridad (*Priority Date*)**:** La fecha de prioridad determina el turno de una persona para solicitar una visa de inmigrante. En casos de inmigración familiar, la fecha de prioridad es la fecha en que la petición fue aceptada para procesamiento por el USCIS o en ciertas ocasiones, debidamente presentada en una embajada o consulado en el extranjero. En casos de inmigración laboral, la fecha de prioridad es la fecha de recepción y aceptación de la solicitud de certificación laboral del Departamento de Trabajo.

Fiador/Patrocinador conjunto (*Joint Sponsor*)**:** Persona que acepta la responsabilidad legal para apoyar a un inmigrante con una Declaración Jurada de Apoyo Económico (Formulario I-864), o Carta de Sostenimiento, junto con el patrocinador. El fiador/patrocinador conjunto debe tener por lo menos dieciocho años de edad, ser ciudadano estadounidense o residente permanente legal y tener un domicilio en los Estados Unidos. El fiador/patrocinador conjunto y su hogar deben tener los ingresos exigidos para patrocinar al inmigrante.

Fuera de estatus (*Out of Status*)**:** Fuera de estatus significa que la persona no está cumpliendo con los requisitos de su tipo de visa bajo la ley de inmigración de los Estados Unidos. Por ejemplo, si una persona entró a los Estados Unidos con una visa de turista para visitar a familiares y durante su estadía trabaja de forma ilegal, está "*out of status*".

Hijo/Hija (*Son/Daughter*)**:** Bajo la ley de inmigración de Estados Unidos, un niño se convierte en un hijo o hija cuando él o ella cumple veintiún años o se casa.

Hijastro (*Stepchild*)**:** Hijo de un cónyuge de un previo matrimonio u otra relación. Para que un hijastro pueda inmigrar como un "niño", el matrimonio que creó la relación de hijastro/padrastro debe haber sucedido antes de que el hijastro cumpla los dieciocho años de edad.

Hijo adoptado (*Adopted Child*)**:** Para fines inmigratorios, un hijo adoptado es un hijo soltero menor de veintiún años, adoptado antes de cumplir dieciséis años de edad y que ha estado bajo custodia legal y ha vivido con el padre adoptivo durante al menos dos años. El decreto de adopción debe darle al niño todos los derechos de un hijo biológico.

Huérfano (*Orphan*)**:** Un niño que no tiene padres porque murieron o fue abandonado. Un niño también puede ser considerado huérfano si su madre soltera no puede cuidarlo y lo entrega en adopción de forma permanente.

ICE: Siglas en inglés para U.S. Immigration and Customs Enforcement, Servicio de Inmigración y Control de Aduanas de los Estados Unidos.

INA: Siglas en inglés para Immigration and Nationality Act, Ley de Inmigración y Nacionalidad.

Inadmisible (*Inadmissible*)**:** La ley de inmigración establece ciertas condiciones y acciones que impiden que una persona entre a los Estados Unidos. Algunos ejemplos son la venta de drogas, ser un terrorista, recurrir al fraude para obtener una visa o tener una enfermedad contagiosa, como la tuberculosis activa. Si el solicitante es considerado inadmisible no podrá obtener una visa a menos que le concedan una exención de inelegibilidad.

Índice de Pobreza Federal (*Federal Poverty Guidelines*)**:** El Departamento de Salud y Servicios Humanos de los Estados Unidos publica una lista todos los años que indica el ingreso más bajo, bajo el cual una familia de un determinado tamaño no vive en la pobreza. Los funcionarios consulares utilizan estas cifras en los casos de visa de inmigrante para determinar si los ingresos de un patrocinador son suficientes para apoyar a un nuevo inmigrante según lo estipulan las leyes de inmigración.

Indocumentado (*Undocumented*)**:** Término que se refiere a personas que no están en los Estados Unidos legalmente, ya sea porque entraron al país sin autorización o porque su visa ha expirado.

Ingreso familiar (*Household Income*)**:** Ingreso utilizado para determinar si un patrocinador cumple con los requisitos de ingresos mínimos bajo la Sección 213A de la Ley de Inmigración y Nacionalidad para algunos casos de visa de inmigrante.

Inmigrante especial (*Special Immigrant*)**:** Categoría especial de visas de inmigrante para ciertas personas. Entran dentro de esta categoría ciertos trabajadores religiosos, empleados de puestos de servicio exterior de los Estados Unidos, personal retirado de organizaciones internacionales, extranjeros menores de edad que están bajo la protección de tribunales de los Estados Unidos, entre otros. Los inmigrantes especiales entran dentro de la Cuarta Preferencia (EB-4) basada en el empleo. Las personas que solicitan la tarjeta verde por medio de la Cuarta Preferencia deben presentar el Formulario I-360, "Petición de Inmigrante Especial".

Inmigrante patrocinado (*Sponsored Immigrant*)**:** Un inmigrante a nombre de quien se ha presentado una Carta de Sostenimiento (Formulario I-864).

Jurisdicción (*Jurisdiction*)**:** La autoridad para aplicar la ley en un determinado territorio o región. Por ejemplo, la oficina de distrito del Servicio de Ciudadanía e Inmigración de los Estados Unidos en el área donde vive una persona tiene jurisdicción o autoridad para decidir sobre una petición de ajuste de estatus.

Juez de inmigración (*Immigration Judge*)**:** Un abogado designado por el Fiscal General de los Estados Unidos para actuar como juez administrativo de la Oficina Ejecutiva de Revisión de Casos de Inmigración. Un juez de inmigración está autorizado a llevar a cabo determinadas clases de procedimientos, incluyendo procedimientos de remoción.

Junta de Apelaciones de Inmigración de los Estados Unidos (*Board of Immigration Appeals* o BIA)**:** Máximo órgano administrativo que interpreta y aplica las leyes de inmigración. En general, no lleva a cabo audiencias judiciales, sino que decide apelaciones mediante la realización de una revisión de documentos (*paper review*) de las sentencias del tribunal de inmigración y directores de distrito del

DHS. En raras ocasiones, escucha argumentos orales de casos apelados. También es responsable de la acreditación de representantes que solicitan permiso para ejercer ante el DHS, los tribunales de inmigración y la BIA.

Ley de Inmigración y Nacionalidad (*Immigration and Nationality Act* o INA): Ley de inmigración estadounidense aprobada por el Congreso. Creada en 1952, ha sido modificada en varias ocasiones, pero sigue siendo la base fundamental de la ley de inmigración.

Ley de Protección del Estatus del Menor (*Child Status Protection Act* o CSPA): La ley de inmigración de los Estados Unidos define a un niño como una persona soltera menor de veintiún años. Generalmente, para que un niño pueda calificar como beneficiario de una visa de inmigrante, debe ser peticionado antes de cumplir los veintiún años de edad. Sin embargo, la CSPA cambió la ley para permitir que ciertos beneficiarios puedan calificar aún como niños con fines de visa de inmigrante, incluso después de alcanzar la edad de veintiún años.

Legitimación (*Legitimation*): El proceso legal que un padre biológico puede utilizar para reconocer legalmente a sus hijos nacidos fuera del matrimonio (*wedlock*). Un niño legitimado puede ser considerado un "niño" bajo la ley de inmigración si llena los debidos requisitos.

Mantener estatus (*Maintain Status*): Seguir los requisitos de la visa y cumplir con cualquiera de las limitaciones impuestas para la duración de la estancia.

Médico autorizado designado (*Panel Physician*): Médicos seleccionados y aprobados por las embajadas y consulados de los Estados Unidos que emiten visas de inmigrantes para realizar exámenes médicos a los que deben someterse solicitantes de visa de inmigrante.

Naturalización: Un ciudadano que adquiera la nacionalidad de un país después del nacimiento. La persona no es ciudadano por nacimiento, sino por un procedimiento legal.

Niño (*Child*): Hijo soltero menor de veintiún años. Un hijo puede ser biológico, adoptado o hijastro. En ciertos casos, un niño puede seguir clasificándose como niño después de cumplir veintiún años, si se presentó una petición de visa de inmigrante cuando era aún menor de veintiún años. Por ejemplo, bajo la Ley de Protección del Estatus del Menor un hijo soltero de un ciudadano de los Estados Unidos sigue siendo un niño después de los veintiún años si se presentó una petición de visa de inmigrante en o después de Agosto 6, 2002, cuando aún era menor de edad.

Notificación de Aprobación (*Approval Notice*): Un formulario de inmigración, Formulario I-797, Aviso de acción (Notice of Action), que el USCIS envía para notificar que aceptaron la petición, la solicitud de prórroga de estancia o cambio de estatus.

Notificación de Recibo (*Receipt Notice*): Un documento que dice que el Departamento de Seguridad Nacional ha recibido una petición.

Número de Caso (*Case Number*): El Centro Nacional de Visas le da a cada petición de inmigrante un número de caso. Ese número tiene tres letras seguidas de diez dígitos. Las tres letras son la abreviatura de la embajada o consulado extranjero que procesará el caso de visa de inmigrante (por ejemplo, el CDJ para Ciudad Juárez). El número de caso no es el mismo que el número de recibo de USCIS, que está escrito en el Aviso de Acción, Formulario I-797.

Número de Orden de Rango (*Rank Order Number*): El número que el Centro Consular de Kentucky le asigna a las solicitudes presentadas al Programa de Visas de Diversidad (DV o Lotería de Visas) a medida que son seleccionadas por la computadora. Las primeras solicitudes elegidas tienen los números más bajos y pueden ser procesadas más rápido. La Oficina de Visas del Departamento de Estado les da la oportunidad a personas que han sido seleccionadas de poder solicitar una visa de inmigrante de acuerdo a su número de orden de rango para su región.

Número de registro de extranjero o número de extranjero (Número A o A#) (*Alien Registration Number* o *Alien Number*): Un número único de siete, ocho o nueve dígitos asignado a una persona no ciudadana por el Departamento de Seguridad Nacional de los Estados Unidos.

Número de visa (*Visa Number*): El Congreso de los Estados Unidos establece la cantidad de personas que pueden inmigrar al país anualmente. Hay un número ilimitado de visas de inmigrante disponibles para familiares inmediatos de ciudadanos estadounidenses —padres, cónyuges e hijos solteros menores de veintiún años. Hay un número limitado de visas de inmigrante para personas que están solicitando la residencia permanente por medio de una categoría preferencial. La Oficina de Visas del Departamento de Estado distribuye las visas de inmigrante otorgando números de visa de acuerdo a la fecha de prioridad y categoría de preferencia de cada solicitud.

NVC: Siglas en inglés para National Visa Center, Centro Nacional de Visas.

Oficina de Aduanas y Protección Fronteriza de los Estados Unidos (*U.S. Customs and Border Protection* o *CBP*): El CBP es responsable de la admisión de todos los viajeros que desean entrar en los Estados Unidos, y la determinación de la duración de la estancia autorizada, si el viajero es admitido. Una vez en los Estados Unidos el viajero entra en la jurisdicción del Departamento de Seguridad Nacional.

Oficina Ejecutiva de Revisión de Casos de Inmigración (*Executive Office for Immigration Review* o *EOIR*): Oficina que administra el sistema nacional de tribunales de inmigración. La EOIR principalmente decide si los individuos nacidos en el extranjero, que son acusados de violar las leyes de inmigración, deben ser removidos de los Estados Unidos o si merecen protección contra la deportación y permanecer en el país.

Padres adoptivos (*Adoptive Parents*): Solamente ciudadanos estadounidenses pueden ser padres adoptivos para fines inmigratorios. Si el ciudadano estadounidense está casado y ambos viven en los Estados Unidos, su cónyuge debe tener algún estatus legal tal como residente permanente legal, y ambos deben firmar la solicitud para adoptar al niño. Si el ciudadano estadounidense es soltero, la persona tiene que tener por lo menos veinticinco años cuando se entrega la solicitud de adopción al Servicio de Ciudadanía e Inmigración de los Estados Unidos.

Pariente inmediato (*Immediate Relative*): cónyuge, viuda/o e hijos solteros menores de veintiún años de un ciudadano estadounidense. Un padre es un pariente inmediato si el ciudadano estadounidense tiene veintiún o más años de edad. No hay límites numéricos para una visa de inmigrante para familiares inmediatos.

Patrocinador (*Sponsor*): Persona que llena y envía una petición de visa de inmigración. Otro nombre para el patrocinador es peticionario, o persona que completa una Declaración Jurada de Apoyo Económico (Formulario I-864) para un solicitante de visa de inmigrante.

Pérdida de estatus (*Lose Status*): Si una persona permanece en los Estados Unidos más tiempo del que se le autorizó cuando entró a los Estados Unidos, deja de cumplir con los requisitos, o viola los términos de la clasificación de su visa, se considera que la persona está "fuera de estatus".

Permanencia excesiva (*Overstay*): Cuando un visitante se queda más tiempo de lo permitido, según lo estipulado en su Registro de Entrada/Salida (Formulario I-94). Un "*overstay*" puede hacerlo inelegible para una visa en el futuro.

Permiso anticipado de viaje (*Advance Parole*): Permiso que debe solicitarse antes de salir de los Estados Unidos que autoriza el reingreso a los Estados Unidos después de viajar al extranjero. Requieren este permiso: personas con una visa K-1, solicitantes de asilo, personas bajo libertad condicional, personas con Estatus de Protección Temporal (TPS, por sus siglas en inglés) y algunas personas que están solicitando ajuste de estatus. Si no se solicita el "*advance parole*" es posible que no les permitan regresar a los Estados Unidos.

Permiso de reingreso (*Re-entry Permit*): Documento de viaje que el Departamento de Seguridad Nacional de los Estados Unidos (DHS, por sus siglas en inglés) le otorga a residentes permanentes legales que quieren quedarse fuera de los Estados Unidos por más de un año y menos de dos años. Los residentes permanentes legales que no pueden obtener un pasaporte de su país de origen también pueden solicitar un permiso de reingreso.

Peticionario (*Petitioner*): Una persona que presenta una petición o solicitud de visa a nombre de un beneficiario.

Preferencia familiar primera (*Family First Preference*): Categoría de inmigración familiar (F1) para los hijos e hijas solteros de ciudadanos estadounidenses y sus hijos.

Preferencia familiar segunda (*Family Second Preference*): Categoría de inmigración familiar (F2) para los cónyuges e hijos solteros de cualquier edad de residentes permanentes legales. Los cónyuges e hijos solteros menores de veintiún años son asignados la categoría de preferencia familiar F2A y pueden inmigrar más rápido a los Estados Unidos. Los hijos solteros mayores de veintiún años son asignados la categoría de preferencia familiar F2B y tienen que esperar más tiempo para poder inmigrar a los Estados Unidos.

Preferencia familiar tercera (*Family Third Preference*): Categoría de inmigración familiar (F3) para los hijos casados de ciudadanos estadounidenses, sus cónyuges e hijos.

Preferencia familiar cuarta (*Family Fourth Preference*): Categoría de inmigración familiar (F4) para los hermanos de ciudadanos estadounidenses y sus cónyuges e hijos. El ciudadano estadounidense debe tener veintiún años de edad o más antes de poder presentar la petición.

Presencia física (*Physical Presence*): Lugar donde está físicamente una persona.

Presencia ilegal (*Unlawful Presence*): Se considera que un inmigrante está ilegalmente en los Estados Unidos si permanece en el país después de que haya expirado el período de estadía autorizado por el Departamento de Seguridad Nacional, o si entró ilegalmente al país.

Puerto de entrada (*Port of Entry*): Lugares tales como aeropuertos o cruces fronterizos en los Estados Unidos designados como punto de ingreso para extranjeros y ciudadanos estadounidenses. Todas las oficinas de distrito y los centros de servicio del Servicio de Ciudadanía e Inmigración de los Estados Unidos también se consideran puertos de entrada.

Prometido (*Fiance(e)*): Una persona que planea casarse con otra persona. El prometido de un ciudadano estadounidense puede entrar a los Estados Unidos con una visa K-1 para casarse con un ciudadano estadounidense.

Programa de Exención de Visa (*Visa Waiver Program*): Los ciudadanos de ciertos países tienen acceso preferencial para entrar a los Estados Unidos usando el Programa de Exención de Visa. Este programa permite visitas por razones de turismo o de negocios sin necesidad de obtener una visa de no inmigrante. Solo pueden permanecer en los Estados Unidos por un período de 90 días y no pueden extender su estadía.

Refugiado (*Refugee*): Persona que tiene un temor bien fundado de persecución si regresa a su país de origen. La persona debe presentar una solicitud de ingreso a los Estados Unidos de otro país y entrar a los Estados Unidos como refugiado.

Registro de Entrada y Salida (*Arrival-Departure Card*): Este es el Formulario I-94 que registra la clasificación de inmigrante y el período autorizado de estancia en los Estados Unidos. Hasta abril de 2013 solo se entregaba una tarjeta de papel como comprobante de entrada. Pero la Oficina de Aduanas y Protección Fronteriza de los Estados Unidos (CBP, por sus siglas en inglés) instituyó cambios que permiten que el registro ahora se haga de forma electrónica si el extranjero entra a los Estados Unidos por vía marítima o aérea.

Representante acreditado (*Accredited Representative*): Persona que ha sido aprobada por la Junta de Apelaciones de Inmigración de los Estados Unidos para representar a extranjeros ante los tribunales de inmigración, la BIA y el USCIS.

El representante acreditado debe trabajar exclusivamente para una organización sin fines de lucro, religiosa, organización de caridad, servicio social o entidad similar. La organización debe ser autorizada por la BIA para representar a extranjeros.

Residente legal permanente (*Lawful Permanent Resident*): Persona que ha emigrado legalmente, ha sido admitida a los Estados Unidos por el Departamento de Seguridad Nacional como residente legal permanente de los Estados Unidos y tiene una Tarjeta de Residente Permanente, Formulario I-551 (anteriormente llamada Tarjeta de Registro de Extranjero y también conocida como Tarjeta Verde). Un Residente Legal Permanente tiene la autoridad para vivir y trabajar permanentemente en los Estados Unidos, así como otros derechos y responsabilidades, siempre y cuando no cometa algún acto que lo haga removible del país.

Retroceso de visas (*Visa Retrogression*): A veces, un caso que esté vigente en el mes actual no está vigente el siguiente mes. Esto generalmente ocurre cuando el límite numérico anual de visas ha sido alcanzado. Esto tiende a ocurrir cerca del final del año fiscal (del 1 de octubre hasta el 30 de septiembre del año siguiente). Cuando comienza el nuevo año fiscal, la Oficina de Visas del Departamento de Estado recibe una nueva cantidad de números de visa y sigue procesando solicitudes de visas de inmigrante.

Revocación de una visa (*Revocation of a Visa*): La cancelación de la visa. La visa ya no es válida para viajar a los Estados Unidos.

Sección 213A de la Ley de Inmigración y Nacionalidad (*Section 213A of the Immigration and Nationality Act* o INA): La Sección 213A de la INA establece que los patrocinadores tienen la responsabilidad legal de mantener a aquellos inmigrantes que desean inmigrar a los Estados Unidos. Por lo general los patrocinadores deben completar el Formulario I-864, Declaración Jurada de Apoyo Económico.

Servicio de Ciudadanía e Inmigración de los Estados Unidos (*U.S. Citizenship and Immigration Services* o USCIS): Agencia bajo el mando del Departamento de Seguridad Nacional de los Estados Unidos. El USCIS es responsable de la aprobación de todas las peticiones de inmigrantes y no inmigrantes, autorización de permiso para trabajar en los Estados Unidos, emisión de extensiones de estancia y cambio o ajuste de estatus del solicitante, mientras que el solicitante se encuentra en los Estados Unidos.

Servicio de Inmigración y Control de Aduanas de los Estados Unidos (*U.S. Immigration and Customs Enforcement* o ICE): El ICE es responsable de identificar las actividades criminales y eliminar los puntos débiles que representan una amenaza para la seguridad fronteriza, económica, de transporte e infraestructura de la nación. Por ejemplo, el ICE investiga a los empleadores y se concentra en los empleados no autorizados que han obtenido acceso a zonas restringidas de los aeropuertos de los Estados Unidos. El ICE también ayuda a identificar las solicitudes fraudulentas de beneficios migratorios y la falsificación de documentos y se encarga de arrestar y enjuiciar a personas que han cometido estos crímenes. Además, el ICE se esmera en que cada extranjero sentenciado a deportación salga de los Estados Unidos cuanto antes.

Solicitante (*Applicant*)**:** Un ciudadano extranjero que solicita una visa de inmigrante o no inmigrante para los Estados Unidos. También se puede referir al solicitante como un beneficiario cuando se trata de solicitudes basadas en peticiones tales como peticiones familiares y de trabajo.

Solicitante principal (*Principal Applicant*)**:** La persona nombrada en la petición. Por ejemplo, un ciudadano estadounidense puede presentar una petición para que un hijo casado pueda emigrar a los Estados Unidos. Su hijo va a ser el solicitante principal y sus familiares inmediatos —cónyuges e hijos solteros menores de veintiún años— recibirán visas por tener estatus derivado. Una empresa también puede presentar una petición para un trabajador extranjero. En este caso, el trabajador es el solicitante principal y sus familiares inmediatos obtienen estatus derivado.

Solicitud de condición laboral (*Labor Condition Application*)**:** Una petición al Departamento de Trabajo para que un trabajador extranjero pueda trabajar en los Estados Unidos.

Tarjeta verde (*Green card*)**:** Tarjeta de residencia permanente, Formulario I-551 (anteriormente denominada Tarjeta de Registro de Extranjero). Este documento, en forma de tarjeta, muestra que un inmigrante es un residente permanente legal en los Estados Unidos.

Terminación de un caso (*Termination of a Case*)**:** Si el solicitante no responde a un pedido de información enviado por correo por una embajada o consulado, se inicia el proceso de terminación de su solicitud de visa. La embajada o el consulado primero enviará una carta haciendo seguimiento al caso y una serie de instrucciones para el solicitante. Si el solicitante no contesta en el período de un año, le enviarán una carta de terminación. El solicitante tiene un año más para activar el caso de visa de inmigrante. Si no hay respuesta en un año, el caso se termina. Se puede parar un caso de terminación si se notifica a la embajada o consulado antes de que caduque el período de tiempo prescrito y se demuestre una razón válida para no haber respondido anteriormente.

USCIS: Siglas en inglés para U.S. Citizenship and Immigration Services, Servicio de Ciudadanía e Inmigración de los Estados Unidos.

Validez de visa (*Visa Validity*)**:** El período de tiempo, a partir del cual se emite la visa hasta la fecha de vencimiento que aparece en la visa se denomina validez de la visa. Por lo general, esto significa que la visa es válida y puede usarse durante ese plazo. Dependiendo de la nacionalidad del extranjero, las visas pueden ser emitidas para permitir una o múltiples entradas, siempre y cuando el propósito del viaje sea el mismo (por ejemplo, una visa de turismo).

Visa: Documento que acredita que un extranjero tiene autorización para entrar a los Estados Unidos. Las visas se solicitan en el extranjero, en la Embajada o Consulado de los Estados Unidos. La ley de inmigración define el tipo de visa según el propósito del viaje. Por ejemplo, estudiante (F), visitante (B), trabajador temporal (H). Una visa no garantiza que el portador pueda entrar a los Estados Unidos. Los inspectores de inmigración en aduanas determinan a quién admiten, el tiempo de permanencia y las condiciones bajo las cuales pueden permanecer en los Estados Unidos.

Visa después de ingreso (*Following to Join*)**:** Tipo de visa derivada que se le da a un cónyuge o hijos solteros menores de veintiún años de un inmigrante después de que el solicitante principal ha sido admitido como residente permanente legal de los Estados Unidos.

Visa de diversidad (*Diversity Visa Program*)**:** El Departamento de Estado de los Estados Unidos tiene un Programa de Diversidad de Visas, mediante el cual cada año sortea hasta 55.000 visas de inmigrante para extranjeros procedentes de países con bajas tasas de inmigración a los Estados Unidos. Este programa es comúnmente llamado la "lotería de visas".

Visas de inmigrante (*Immigrant Visa*)**:** Visa que permite que una persona viva de forma permanente en los Estados Unidos.

Visa de no inmigrante (*Nonimmigrant Visa*)**:** Visa que le permite a un extranjero entrar temporalmente a los Estados Unidos para un propósito específico. Algunos ejemplos de personas que pueden recibir estas visas: turistas, estudiantes, diplomáticos y trabajadores temporales.

Visa de residencia condicional (*Conditional Residence Visa*)**:** Estatus migratorio otorgado a un cónyuge cuando la persona ha estado casada por menos de dos años cuando recibe su tarjeta verde por primera vez. La visa de inversionista EB-5 también otorga una visa de residencia condicional. Los cónyuges e inversionistas que deseen remover las condiciones de su residencia por lo general tienen que hacer un trámite legal con el Servicio de Ciudadanía e Inmigración de los Estados Unidos dentro de los 90 días antes de su segundo aniversario de haber obtenido una visa de residencia condicional.